Ridders en kastelen

Kijk voor meer informatie over de kinder- en jeugdboeken van de Gottmer Uitgevers Groep op **www.gottmer.nl**

Oorspronkelijke titel: *Knights & Castles*
Editor Lachlan McLaine
Vormgeving John Bull, The Book Design Company
Omslagontwerp Gaye Allen, Kelly Booth, Brandi Valenza

Voor het Nederlandse taalgebied:

Uitgeverij J.H. Gottmer / H.J.W. Becht is onderdeel van de Gottmer Uitgevers Groep BV
Vertaling: Tjalling Bos
Zetwerk: Peter Verwey Grafische Produkties bv, Heemstede
ISBN 978 90 257 4566 0
NUR 210

Druk: 10 9 8 7 6 5 4 3 1
Jaar: 2013 2012 2011 2010

Ridders en kastelen

Philip Dixon

Gottmer · Haarlem

Inhoud

inleiding

De riddertijd

Het kasteel als burcht

Het kasteel als paleis

inzoomen

in*leiding*

Ridders in de Middeleeuwen

Eeuwenlang waren ridders in Europa de machtigste krijgers. Ze beleefden hun hoogtepunt in de laatste vijf eeuwen van de Middeleeuwen, van 1000 tot 1500. De maatschappij had toen de vorm van een piramide. Elke ridder diende een baron of graaf, die zelf in ruil voor zijn landgoederen trouw was aan een koning en zijn ridders voor hem liet vechten. De eerste ridders waren gewoon soldaten te paard, die plaatselijke landheren dienden. Maar de landheren – die vaak veel land hadden, maar niet veel geld – hadden moeite om hun ridders te betalen. In plaats daarvan gaven ze de ridders land. Daardoor werden de ridders zelf landheren, en de mensen op hun land betaalden pacht en werkten voor hen.

Steden *De maatschappij in de stad was een kleine kopie van de wereld buiten de stadsmuren, met een burgemeester, een raad van rijke kooplieden, en veel ambachtslieden en arbeiders die pacht en belasting moesten betalen. De koning bemoeide zich er meestal niet mee, maar hij liet zich betalen voor de rechten die hij een stad gaf.*

Baronnen *Deze klasse van edelen gaf de ridders land. In ruil daarvoor zwoer de ridder dat hij trouw zou zijn aan de baron en hem zou helpen als er gevochten moest worden. Een baron woonde vaak in een mooi kasteel.*

Ridders *Sommige ridders waren huurlingen die vochten voor geld, maar de meeste kregen land van een baron in ruil voor trouw en steun in de strijd. De positie van een ridder ging niet over van vader op zoon. Dat was bij baronnen wel zo.*

De maatschappelijke piramide

Bijna iedereen in het middeleeuwse Europa leefde binnen de strenge sociale afspraken van het feodale stelsel. De koning stond bovenaan, met de baronnen en hun ridders daaronder, en de boeren en horigen helemaal onderaan. Ze waren allemaal met elkaar verbonden door een ingewikkeld stelsel van rechten en plichten, waarvan sommige hier worden beschreven.

Een held in een harnas
Wij denken bij ridders vaak aan romantische, avontuurlijke helden die mensen in nood te hulp komen, en zo zagen ze zichzelf ook graag. Op deze Engelse illustratie uit de 14de eeuw doodt een ridder een draak.

De koning *Tegenwoordig heeft niemand meer zo veel macht als een middeleeuwse koning. Hij gaf baronnen land en rechten die ze konden doorgeven aan hun erfgenamen. In ruil daarvoor waren ze de koning trouw en steunden ze hem met soldaten.*
De kerk *De grootste landeigenaar van Europa was de kerk, die bijna een derde van al het land bezat. De abten en bisschoppen behoorden tot de machtigste edelen. Kerk en staat waren meestal verenigd, met de koning aan het hoofd, want voor allebei was vrede en welvaart nodig.*
De paus *De paus was het hoofd van de katholieke kerk. Hij moest de benoeming van bisschoppen, abten en zelfs koningen goedkeuren. Dit leidde soms tot bittere strijd, vooral bij de keuze van bisschoppen.*
Bisschoppen *Deze kerkelijke leiders behoorden tot de rijkste edelen. Ze hadden hun eigen ridders en landerijen.*
Tienden *Boeren moesten elk jaar een tiende van de opbrengst van hun land aan de kerk geven. De kerk gebruikte deze rijkdom om salarissen te betalen en gebouwen te onderhouden.*
Kruisvaarders *Als een ridder, baron of soms zelfs een koning besloot op kruistocht te gaan, waren zijn landerijen en inkomsten veilig. Hij verwachtte verlossing als beloning voor wat hij deed, vooral als hij in het Heilige Land stierf.*
Boeren, arbeiders en horigen *De meeste mensen leefden en werkten op land dat het eigendom was van ridders en baronnen. In ruil daarvoor moesten ze voor hen werken en betalen met geld of landbouwproducten. Veel mensen zaten eigenlijk vast aan hun land en konden niet verhuizen.*

Ridders tijdens de kruistochten

Aan het eind van de 11de eeuw werd het voor pelgrims bijna onmogelijk om Jeruzalem en het Heilige Land te bezoeken. Daarom riep de paus op tot een oorlog om de heilige plaatsen te heroveren op de moslims, die het gebied al ruim vier eeuwen in hun macht hadden. Mannen werden aangemoedigd om op kruistocht te gaan met de belofte dat God hun zonden zou vergeven en dat hun rechten thuis beschermd zouden worden terwijl ze weg waren. De volgende twee eeuwen waren er vijf grote kruistochten. De kruisvaarders veroverden Jeruzalem en stichtten er een christelijk koninkrijk. Maar ten slotte werden de ridders verdreven door de moslims onder leiding van Saladin en de latere sultan Baibars, die de heilige steden heroverden.

Ridders met een heilig doel
In het warme Nabije Oosten droegen kruisridders dezelfde wapenrusting als thuis. De meesten behielden hun eigen wapenschild, maar sommigen vormden heilige orden van strijders die een kruis op hun schild en kleding droegen.

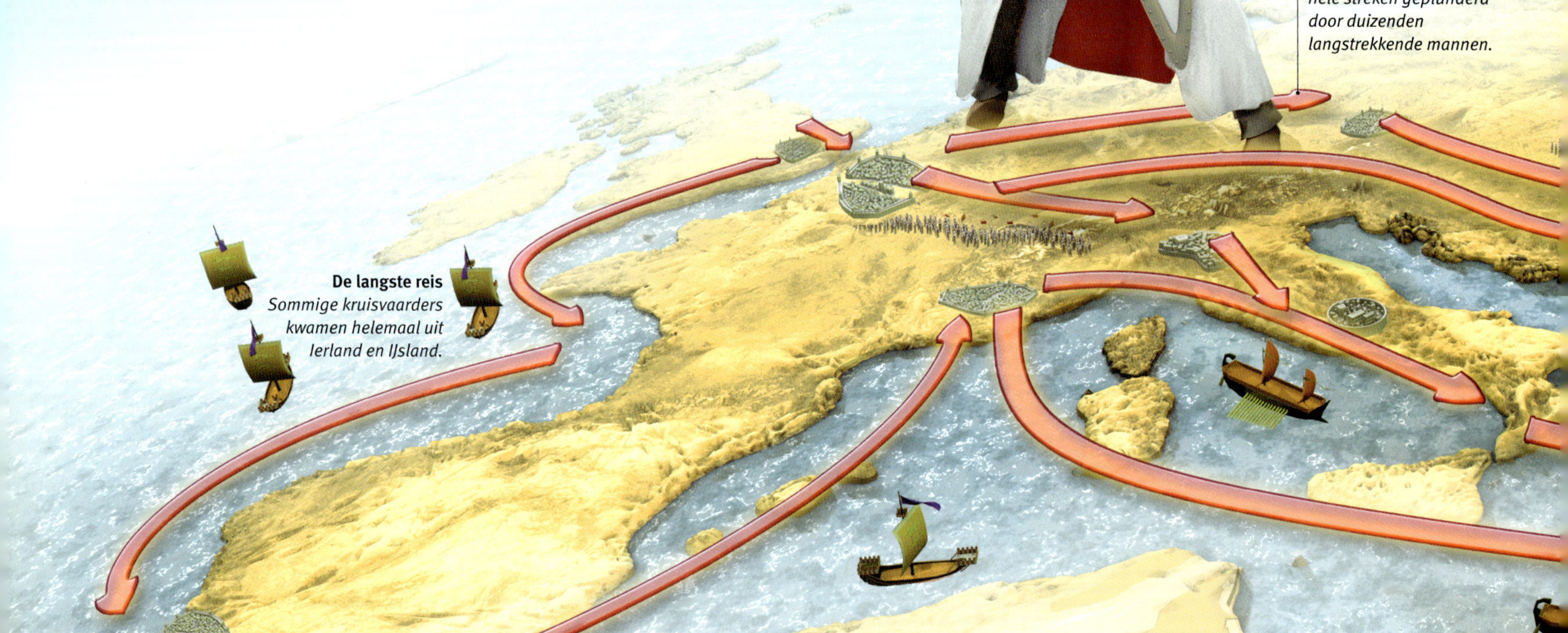

Onderweg *Legers van kruisvaarders leefden onderweg van wat ze konden vinden. Op weg naar Jeruzalem werden hele streken geplunderd door duizenden langstrekkende mannen.*

De langste reis
Sommige kruisvaarders kwamen helemaal uit Ierland en IJsland.

Gevaarlijke zeeën
Kruisvaarders werden vaak aangevallen door piraten. Velen werden als slaven verkocht in de koninkrijken langs de Afrikaanse kust.

Stenen die nog staan
Het kasteel van Sidon in Libanon, dat is gebouwd om de haven te beschermen, is een goed voorbeeld van een kruisvaardersburcht. De inname van zulke kastelen in de 13de eeuw betekende het einde van de koninkrijken van de kruisridders.

Koning Lodewijk vaart uit
Koning Lodewijk IX, de Heilige, van Frankrijk leidde twee kruistochten, die allebei mislukten. In 1270 vertrok hij uit de haven van Aigues Mortes in Zuid-Frankrijk voor zijn tweede kruistocht.

Verdedigers van het oosten
De kruisridders leverden vele bloedige veldslagen met moslims die hun land tegen de aanvallers verdedigden. Deze moslims kwamen uit verschillende etnische groepen, maar vormden een hecht leger tegen de bedreiging van de kruisvaarders.

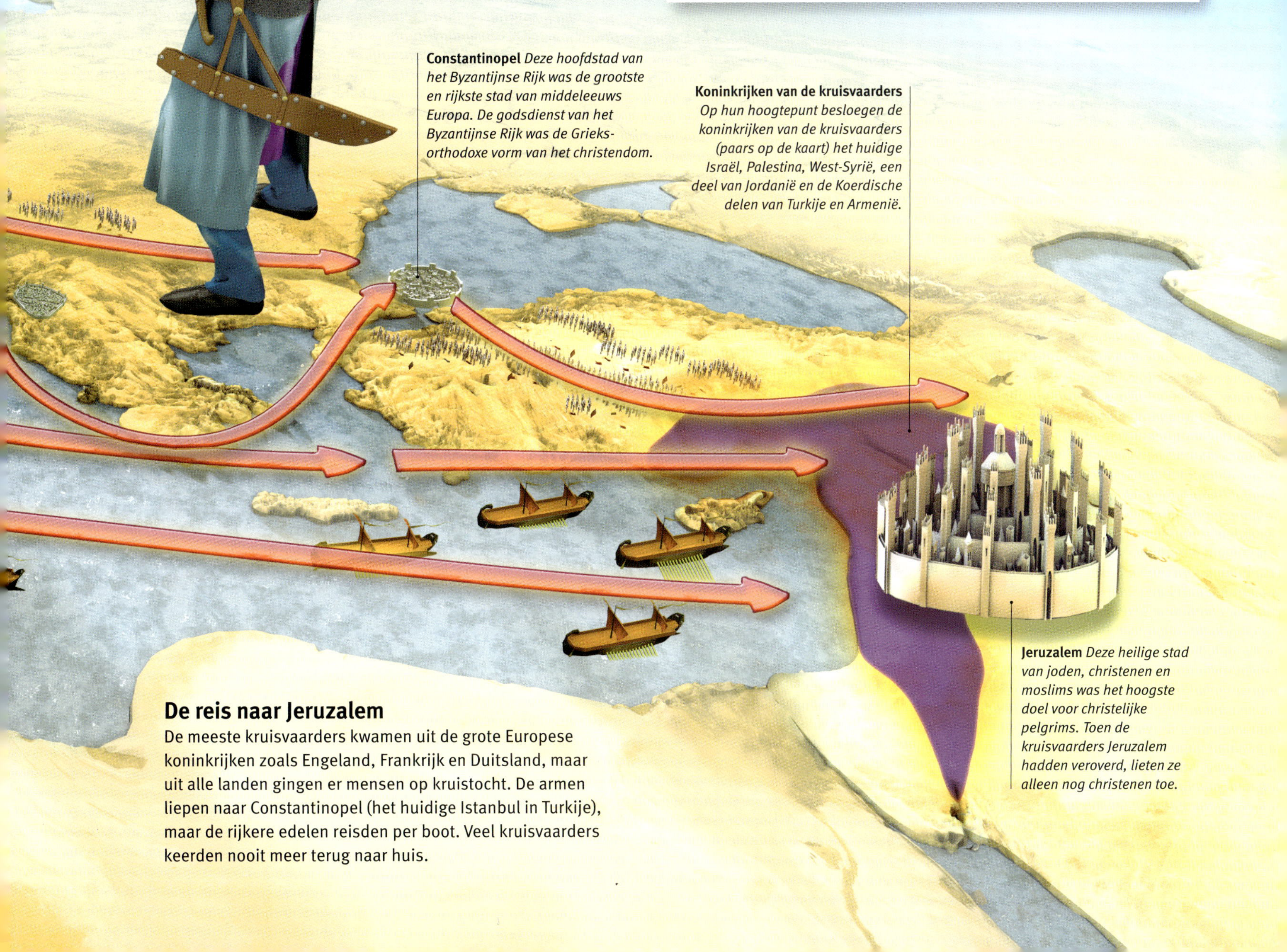

Constantinopel *Deze hoofdstad van het Byzantijnse Rijk was de grootste en rijkste stad van middeleeuws Europa. De godsdienst van het Byzantijnse Rijk was de Grieks-orthodoxe vorm van het christendom.*

Koninkrijken van de kruisvaarders
Op hun hoogtepunt besloegen de koninkrijken van de kruisvaarders (paars op de kaart) het huidige Israël, Palestina, West-Syrië, een deel van Jordanië en de Koerdische delen van Turkije en Armenië.

Jeruzalem *Deze heilige stad van joden, christenen en moslims was het hoogste doel voor christelijke pelgrims. Toen de kruisvaarders Jeruzalem hadden veroverd, lieten ze alleen nog christenen toe.*

De reis naar Jeruzalem

De meeste kruisvaarders kwamen uit de grote Europese koninkrijken zoals Engeland, Frankrijk en Duitsland, maar uit alle landen gingen er mensen op kruistocht. De armen liepen naar Constantinopel (het huidige Istanbul in Turkije), maar de rijkere edelen reisden per boot. Veel kruisvaarders keerden nooit meer terug naar huis.

Ridders en soldaten in veldslagen

In tegenstelling tot moderne legers oefenden ridders niet samen. Ze trainden alleen met huisgenoten en op toernooien. Daarom was de tactiek in de strijd heel eenvoudig: een groep ridders viel het andere leger aan. Zo'n zwaar gewapende ruiteraanval was heel sterk, maar ook moeilijk te stoppen. Soms stormden de ridders dwars door de vijandelijke linies het slagveld af. Bij een aanval van opzij waren ze kwetsbaar, omdat ze hun paarden bij een grootscheepse aanval bijna niet konden keren. Vaak won het leger dat zijn ridders in reserve hield en pas aanviel als hun tegenstanders in gevecht waren geraakt met voetsoldaten of boogschutters.

Voetsoldaten
Behalve ridders en boogschutters had een leger ook voetsoldaten nodig voor een veldslag. Eerst waren dit meestal boeren die gedwongen werden om mee te vechten. Maar in de lange oorlogen na 1300 kwamen er steeds meer goed getrainde en bewapende beroepssoldaten.

Het begin van de strijd

Het grootste leger won niet altijd. Een slimme tactiek was vaak belangrijker. Bij deze veldslag valt het blauwe leger de roden aan, die kwetsbaar lijken. Maar de meeste roden hadden zich verborgen in het bos en vallen de blauwen nu van opzij aan.

Lokaas *Deze tenten zijn een lokaas voor het blauwe leger. Ze worden beschermd door een lage schutting met kruisboogschutters erachter om de aanval af te remmen en opzij te leiden.*

List *Een groep ridders op een heuvel, beschermd door piekeniers, wekt de indruk dat ze de hoofdmacht van het rode leger vormen.*

Ruiteraanval *Ridders te paard voeren de aanval van het blauwe leger aan. Ze hopen het kleine rode leger te kunnen verpletteren.*

WAPENTUIG

Boeren vochten als soldaat desnoods met hooivorken. Beroepssoldaten kozen een wapen waarmee ze goed overweg konden. Als ze het konden betalen, was een zwaard het beste, maar met een strijdhamer of een goedendag konden ze een ridder in harnas ook goed te lijf gaan.

Boogschutter
Boogschutters waren onmisbaar, maar konden zich slecht verdedigen in een handgemeen.

Oneerlijk wapen
De kruisboog is twee keer door de paus verboden als oneerlijk wapen. Toch was deze krachtige boog in de late Middeleeuwen erg populair.

Pijlenregen *Vanaf een veilige plek schieten deze boogschutters hoog de lucht in om de grote aanval van de blauwen te breken en verwarring te stichten.*

Verrassingsaanval *Zodra de blauwen hun aanval hebben ingezet, voert het verborgen rode leger een verrassingsaanval uit van opzij, met een goede kans om te winnen.*

In het strijdgewoel *Voetsoldaten rennen achter de ridders aan om zich in de strijd te storten als de gelederen van het rode leger verbroken zijn.*

Het einde van de

riddertijd

In de loop van de Middeleeuwen veranderde de oorlogvoering. Pijlen uit krachtige bogen maakten maliënkolders onbruikbaar. Daarom werd het plaatharnas ontwikkeld, maar dit was ontzettend duur. Steeds meer belangrijke veldslagen werden gewonnen door grote aantallen getrainde, lichtgewapende mannen te voet, die de zwaargewapende ridders versloegen met bogen, pieken en later ook vuurwapens. Aan het eind van de 15de eeuw zonden ridders hun paard weg uit de strijd om te voet verder te vechten. Uiteindelijk verdwenen de ooit onoverwinnelijke ridders helemaal van het slagveld.

Een nieuwe rol voor ridders
Ook door maatschappelijke veranderingen gingen ridders minder vechten. Vaak betaalden ze liever belasting aan de koning dan hun leven op het spel te zetten in de strijd. Daarmee kon de koning dan een leger geoefende huurlingen in dienst nemen, terwijl de ridders een comfortabel leven leidden.

NEW WEAPONS OF WAR

Tegen het eind van de Middeleeuwen kon zelfs het sterkste harnas doorboord worden door een pijl uit een krachtige kruisboog of een kogel uit een eenvoudig geweer. Een soldaat met een opleiding van een paar weken kon zo een machtige ridder verslaan.

Kruisboog met windas, 15de eeuw

Lontroer, eind 15de eeuw

Hier vechten ridders te paard tegen geoefende piekeniers in gesloten gelederen, met daarachter boogschutters. De ridders rijden noodgedwongen smalle doorgangen binnen, waar ze eenmaal van hun paard getrokken, aangevallen worden.

Het nut van kastelen

In feodale samenlevingen waren kastelen de versterkte huizen van landheren. Eerst werden ze gebouwd om veroverd land veilig te stellen, maar daarna dienden ze eeuwenlang om de macht van de heer in oorlog en vrede te handhaven. In de Middeleeuwen konden bondgenootschappen snel wisselen, en het kasteel was een toevluchtsoord voor de heer en zijn volgelingen als ze werden aangevallen. En het was ook de basis voor eigen militaire acties. In vredestijd was het kasteel een bestuurlijk centrum en een intimiderend symbool van macht en rijkdom.

Het beste kasteel

Op een vlak terrein kozen kasteelbouwers het liefst voor een symmetrisch ontwerp met een getrapte verdediging, waarbij elk deel van het kasteel uitkeek over het gebied dat verder naar buiten lag. Zo konden er boogschutters vanaf verschillende niveaus op de vijand schieten. Dit leverde een sterk kasteel op, maar met weinig woonruimte.

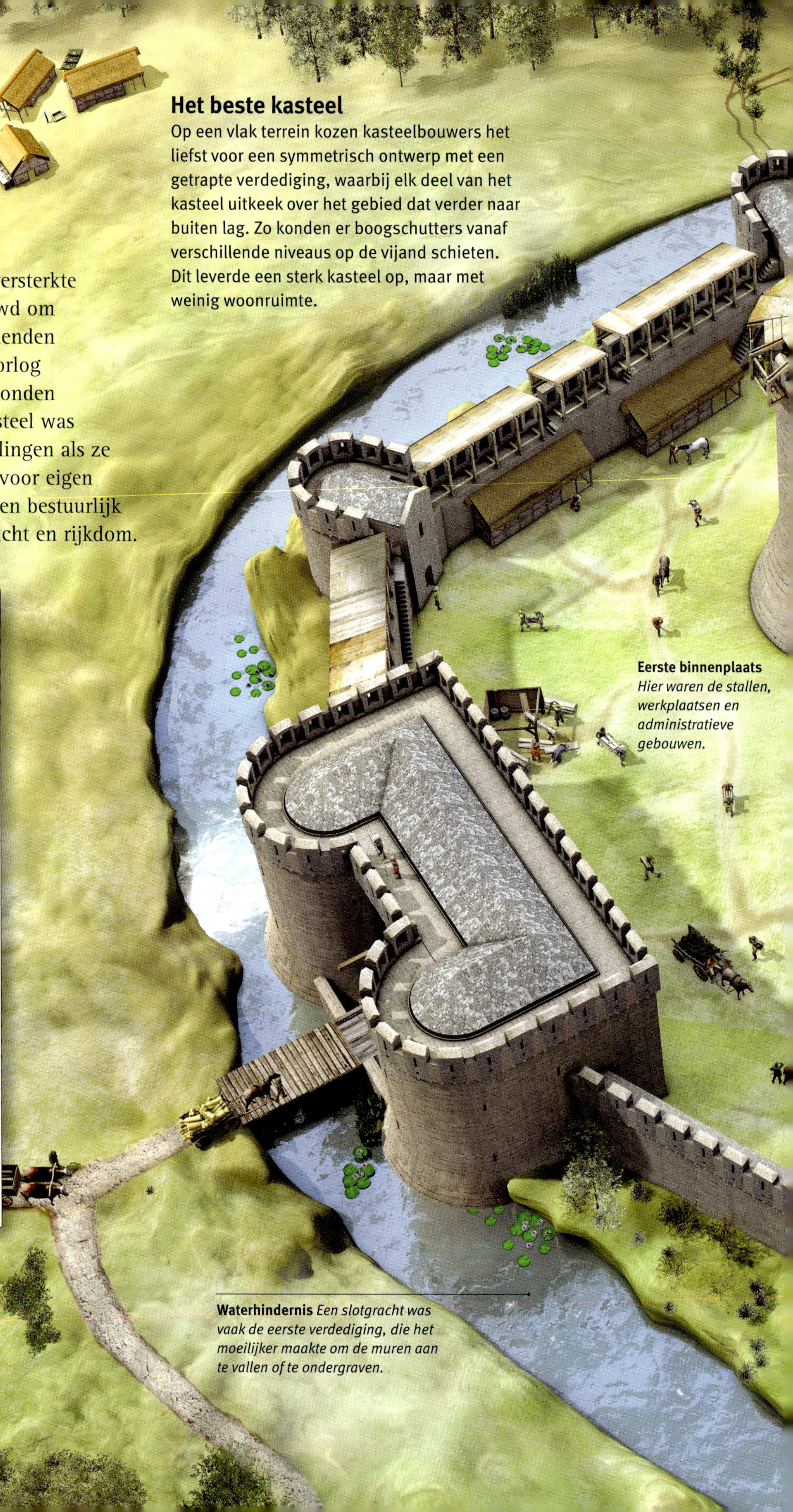

Eerste binnenplaats *Hier waren de stallen, werkplaatsen en administratieve gebouwen.*

Waterhindernis *Een slotgracht was vaak de eerste verdediging, die het moeilijker maakte om de muren aan te vallen of te ondergraven.*

ZO WERKT EEN OPHAALBRUG

De ingang was een zwakke plek van het kasteel en werd meestal beschermd met een ophaalbrug, die door wachters in een kamer erboven kon worden opgetrokken met een lier.

Met één klap dicht In geval van nood kon de ingang snel met een valhek worden afgesloten.

Geen toegang Onder de ophaalbrug was een diepe put of een slotgracht.

Uitzicht
Vanaf kleine torentjes hadden boogschutters uitzicht over het hele kasteel en het land eromheen.
Ronde toren
Zware ronde torens speelden een belangrijke rol bij de verdediging, en boden ook woonruimte.
Buitenmuur De buitenmuur was ongeveer 9 m hoog en goed te zien vanaf de torens en muren van de centrale binnenplaats.
Centrale binnenplaats
Dit was het centrale deel van het kasteel, met de zaal, kamer, kapel en keuken voor de heer.
Klaar voor de strijd
Vanuit houten uitbouwsels konden boogschutters op vijanden onder bij de muur schieten. In vredestijd werden de bouwels opgeslagen.
Wenteltrappen
De verdiepingen waren meestal verbonden door wenteltrappen die zo gebouwd waren dat een rechtshandige verdediger in het voordeel was.

De ontwikkeling van kastelen

Er zijn kastelen in heel Europa, sommige delen van het Midden-Oosten en Japan. Niet overal bereikte de kastelenbouw in dezelfde tijd zijn hoogtepunt. De indrukwekkendste kastelen van de vroege Middeleeuwen werden in de islamitische wereld gebouwd. En in Japan werden nog kastelen gebouwd toen het hoogtepunt in Europa al voorbij was. Kastelen kunnen allerlei vormen en maten hebben, afhankelijk van de plaats, het doel, de beschikbare materialen en de bouwstijl. De mensen die deze schitterende bouwwerken hebben opgericht zijn allang dood, maar veel kastelen staan er nog en herinneren aan een woelig verleden.

Op de kaart
Kastelen werden gebouwd in samenlevingen waar plaatselijke heersers grote macht hadden, zoals het grootste deel van Europa, delen van het Midden-Oosten en Azië. Zo'n samenleving, die vaak feodaal wordt genoemd, verschilt sterk van grote wereldrijken of samenlevingen waar mensen in stammen leven. Daar komen kastelen veel minder voor.

Allerlei vormen en maten

Kastelen werden gebouwd van hout, steen of baksteen, en konden heel groots of bescheiden zijn. Maar het ontwerp was altijd bedoeld om vijanden buiten te houden.

1
8ste eeuw: Islamitische kastelen Qasr al-Hayr, Syrië
Veel kastelen in de moslimwereld werden gebouwd om handelsroutes te beschermen. De Moren bouwden honderden kastelen in Spanje en Portugal.

2
11de eeuw: Motte en balie Knockgraffon Castle, Ierland
In de 11de en 12de eeuw werden in Europa houten kastelen gebouwd. Vaak hadden ze de vorm van een motte (aarden heuvel) met een balie (ommuurde voorburcht).

3
12de eeuw: Stenen donjons
Koningen, en later ook andere heren, begonnen hun houten kastelen te vervangen door zware stenen torens (donjons), die macht uitstraalden.

4
12de en 13de eeuw: Kruisvaarderskastelen Krak des Chevaliers, Syrië
Voortdurende dreiging dwong de kruisridders steeds sterkere burchten te bouwen. Rond 1200 konden alleen de machtigste vorsten nog de kosten opbrengen. De meeste werden betaald door religieuze ridderorden.

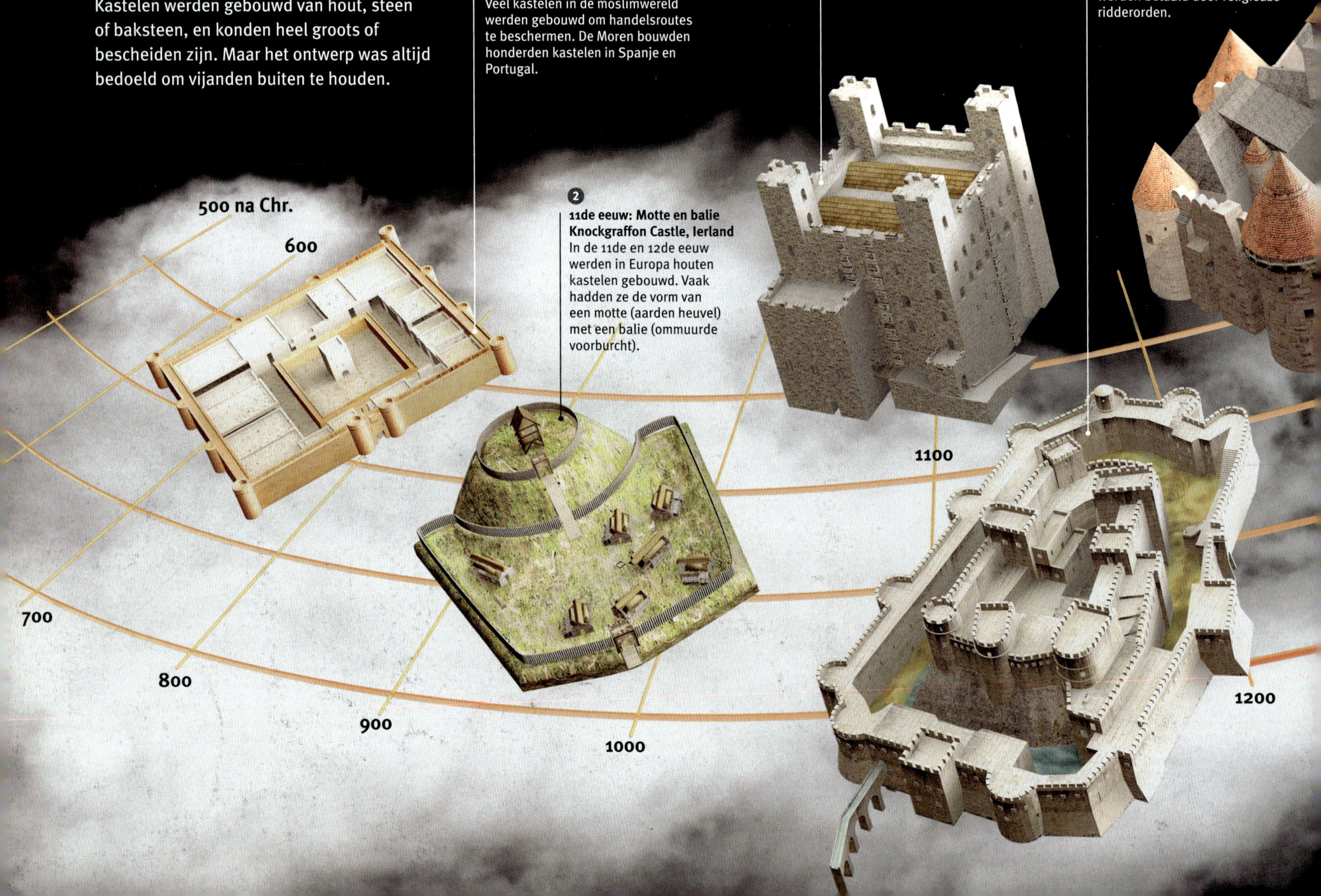

5

1150–1250: Midden-Europese kastelen
Kasteel Heidenreichstein, Oostenrijk
In Midden-Europa waren veel kleine kwetsbare vorstendommen. Daardoor bleven kastelen hier langer belangrijk dan in andere delen van Europa.

8

16de–begin 17de eeuw: Japanse kastelen
Kasteel Himeji, Japan
Terwijl kastelen in Europa een minder grote rol gingen spelen, grepen de Japanse shoguns (edelen) de macht en bouwden grote versterkte huizen om zich te verdedigen tegen vijanden.

9

19de eeuw: Fantasiekastelen
Schloss Neuschwanstein, Duitsland
Historische romans maakten de kasteelstijl in de 19de eeuw weer populair. Rijke vorsten en industriëlen verbouwden oude kastelen of lieten zelfs nieuwe bouwen.

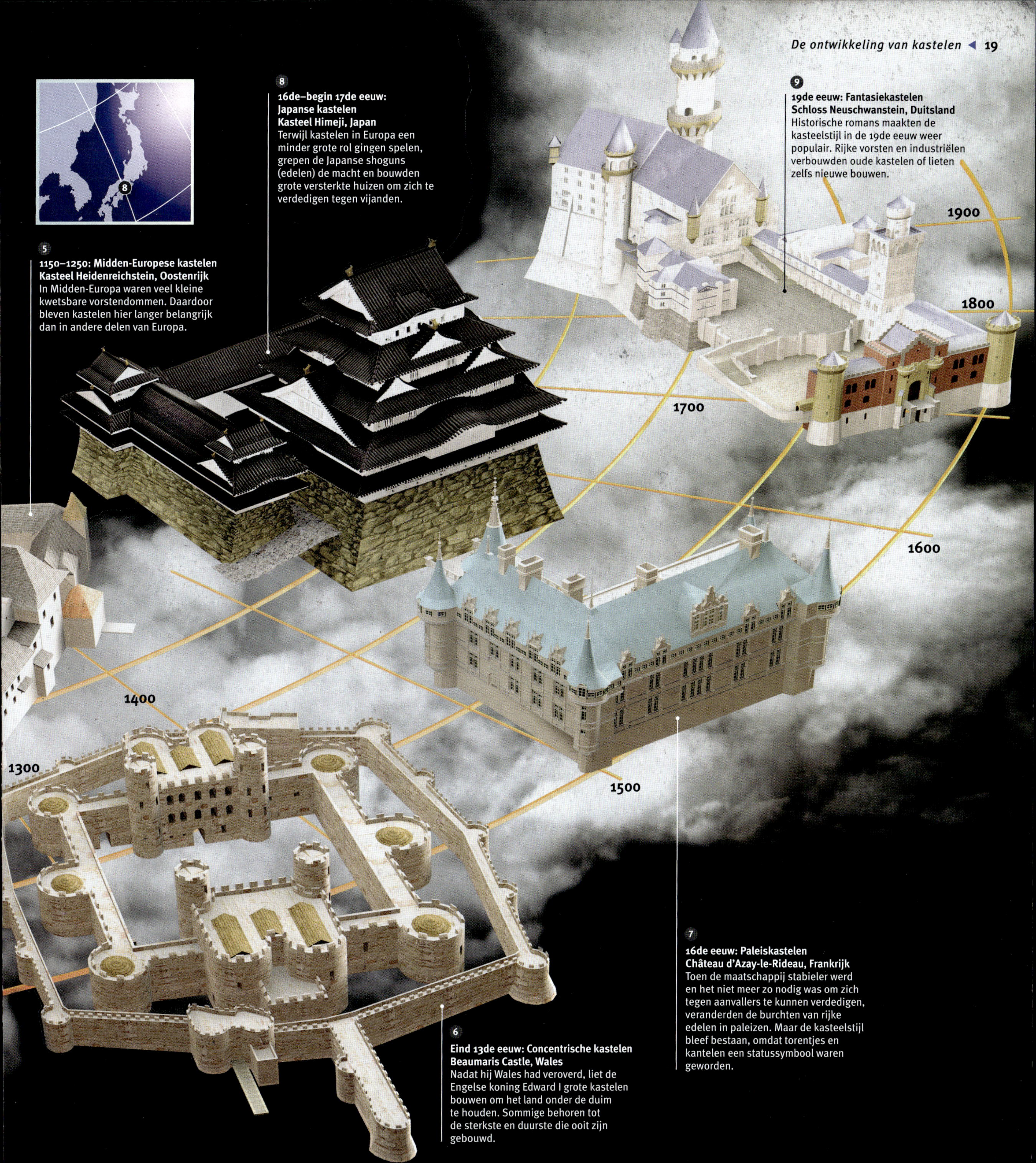

7

16de eeuw: Paleiskastelen
Château d'Azay-le-Rideau, Frankrijk
Toen de maatschappij stabieler werd en het niet meer zo nodig was om zich tegen aanvallers te kunnen verdedigen, veranderden de burchten van rijke edelen in paleizen. Maar de kasteelstijl bleef bestaan, omdat torentjes en kantelen een statussymbool waren geworden.

6

Eind 13de eeuw: Concentrische kastelen
Beaumaris Castle, Wales
Nadat hij Wales had veroverd, liet de Engelse koning Edward I grote kastelen bouwen om het land onder de duim te houden. Sommige behoren tot de sterkste en duurste die ooit zijn gebouwd.

De bouw van kastelen

Het bouwen van een kasteel was een reusachtig karwei. Er waren tientallen metselaars voor nodig, plus timmermannen, smeden en arbeiders – wel 500 of zelfs nog meer als er haast bij was. Normaal kostte het ongeveer 10 jaar om een kasteel te bouwen, of nog langer als het geld opraakte, wat vaak gebeurde. In de winter lag het werk stil omdat er bij vorst niet gemetseld kon worden. De metselaars hakten alvast stenen voor het volgende jaar en de andere werklui gingen naar huis.

Druk aan het werk

Een kasteel in aanbouw leek veel op een moderne bouwplek. Het grootste verschil is misschien wel dat in de Middeleeuwen alles met spierkracht werd gedaan.

Bouwkraan *Zware blokken werden opgehesen met een kraan die werd aangedreven door een tredmolen waarin mannen liepen.*

Steenhouwen *Met hamers en beitels werden de ruwe steenblokken in vorm gehakt en afgewerkt.*

Mortel mengen *Middeleeuwse mortel (metselspecie) werd gemaakt van gebrande kalk met water en zand.*

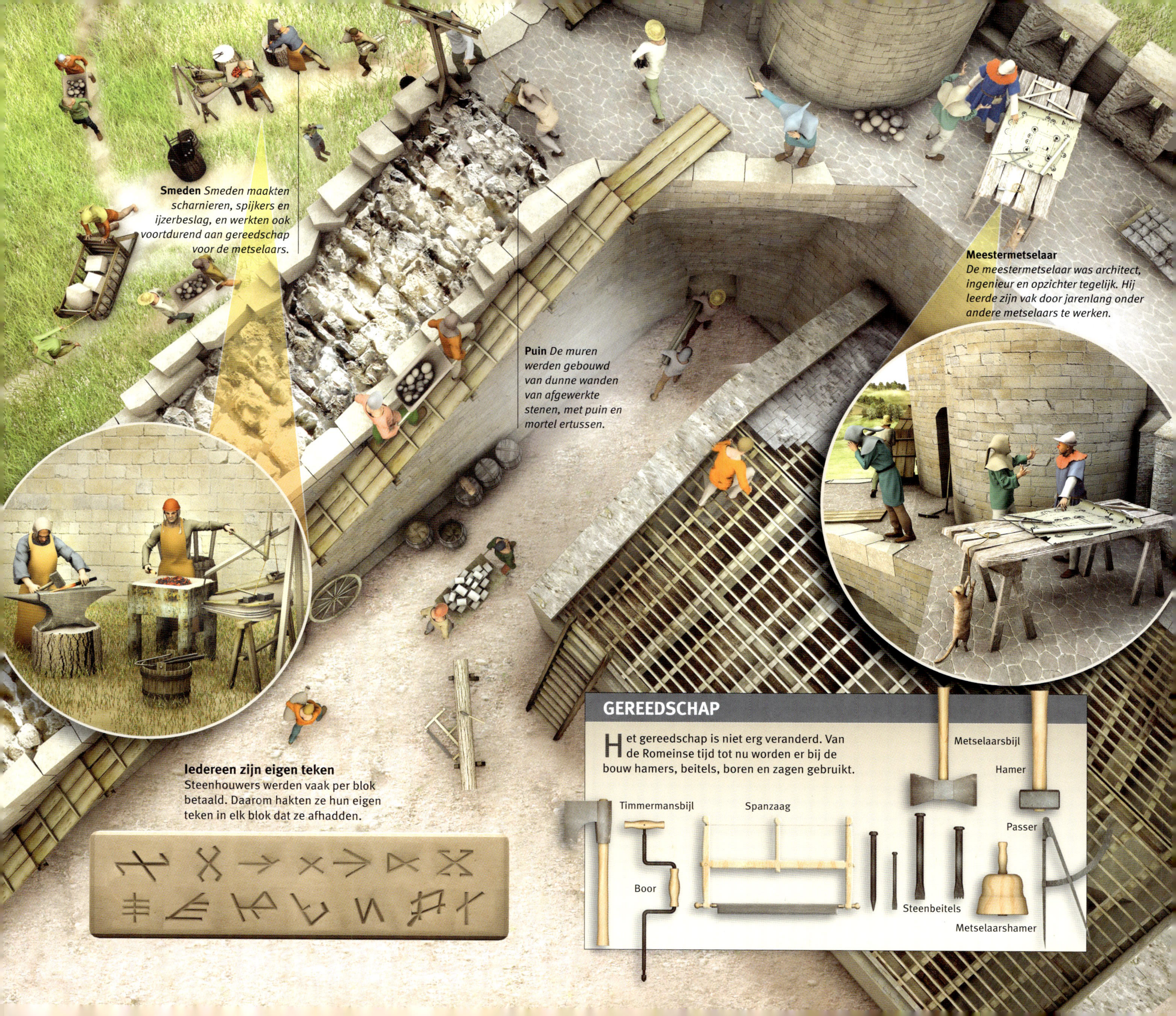

Meestermetselaar *De meestermetselaar was architect, ingenieur en opzichter tegelijk. Hij leerde zijn vak door jarenlang onder andere metselaars te werken.*

Smeden *Smeden maakten scharnieren, spijkers en ijzerbeslag, en werkten ook voortdurend aan gereedschap voor de metselaars.*

Puin *De muren werden gebouwd van dunne wanden van afgewerkte stenen, met puin en mortel ertussen.*

Iedereen zijn eigen teken
Steenhouwers werden vaak per blok betaald. Daarom hakten ze hun eigen teken in elk blok dat ze afhadden.

GEREEDSCHAP

Het gereedschap is niet erg veranderd. Van de Romeinse tijd tot nu worden er bij de bouw hamers, beitels, boren en zagen gebruikt.

Belegering van een kasteel

Bij middeleeuwse oorlogen was het nodig om kastelen te veroveren. Anders kon een vijandig leger een streek niet beheersen. Als ze er gewoon langsliepen, konden ze in de rug worden aangevallen. Er waren twee manieren om een kasteel in te nemen. Binnendringen door een bres in een muur te slaan of eroverheen te klimmen, en de verdedigers verslaan, of het kasteel omsingelen en de bewoners uithongeren. Maar dat kon maanden duren.

Het beleg begint

Hier wordt de aanval ingezet met boogschutters, belegeringswapens en een belfort (houten toren). Als deze aanval mislukt en de verdedigers zich niet overgeven, kan het beleg lang gaan duren.

Geweld *Drie of vier stenen uit een blijde die op dezelfde plek insloegen, waren voldoende om de bovenkant van een muur te verwoesten. De harde dreunen waren ook erg ontmoedigend voor de verdedigers.*

Verschroeide aarde *Als de bewoners van het landgoed wisten dat de vijand kwam, verbrandden ze snel hun huizen en gewassen, en haalden ze alles weg wat hun vijand kon gebruiken, zoals hout en voedselvoorraden.*

Mangneel *Een mangneel was niet zo sterk of nauwkeurig als een blijde, maar kon gemakkelijk gebouwd en verplaatst worden.*

Bescherming *Achter schermen van planken of takken konden de boogschutters dicht bij de muren komen.*

OORLOGSWAPENS

Net als nu werd in de Middeleeuwen veel van de modernste technologie ontwikkeld om oorlog te voeren.

Mangneel
Deze grote katapult werkte met twee in elkaar gedraaide touwen. Hij kon een steen wel 200 m wegsmijten.

Belfort
Een belfort (belegeringstoren) kon zo hoog zijn als een gebouw met tien verdiepingen en bood plaats aan tientallen boogschutters en meerdere katapulten.

Eroverheen *Hoe verwoestend de aanval met belegeringstoestellen ook was, het kasteel kon alleen worden ingenomen door een aanval door de poort of over de muur. Daarvoor werden belegeringstorens vol soldaten gebruikt.*

Timmerwerk *Een houten uitbouw zorgde ervoor dat de vijanden niet veilig onder aan de muur konden staan. Maar ze waren kwetsbaar voor brandende pijlen en projectielen.*

BLIJDE

Een blijde bestond uit een scharnierende balk met een slinger en een tegengewicht. Hiermee konden de grootste stenen worden geworpen. Bij experimenten is met een steen van 135 kg ruim 350 meter gehaald. Maar een blijde ging snel kapot.

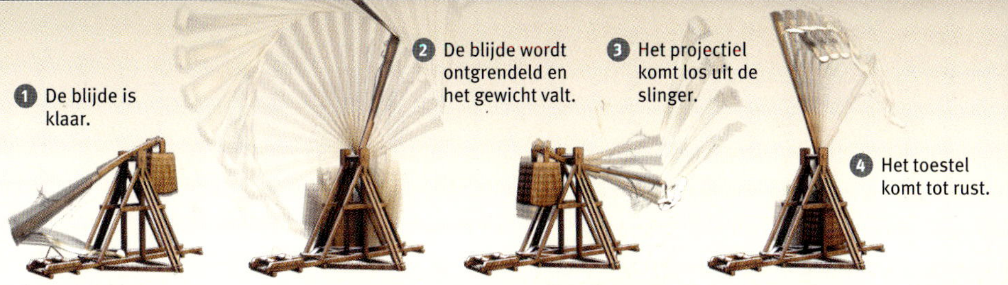

Aanval en verdediging

In de loop van de Middeleeuwen werden kastelen steeds verder verbeterd. Maar ook de aanvallers bedachten nieuwe wapens en tactieken. Bij een belegering leidde dat vaak tot een felle strijd waarbij alle middelen werden ingezet: projectielen, boogschutters, stormrammen, vuur, tunnels en zelfs houwelen om door de muren te hakken. Tot slot kon zelfs het sterkste kasteel zonder geweld worden ingenomen door de verdedigers om te kopen om zich over te geven of hun op de een of andere manier wijs te maken dat hun bondgenoten hen hadden verraden.

PROJECTIELEN

Stenen waren de meest gebruikte projectielen. Maar er werden allerlei voorwerpen naar de tegenstanders gesmeten, zoals potten met vuur, kokendhete vloeistoffen en dode dieren om ziekten te verspreiden en de verdedigers te ontmoedigen.

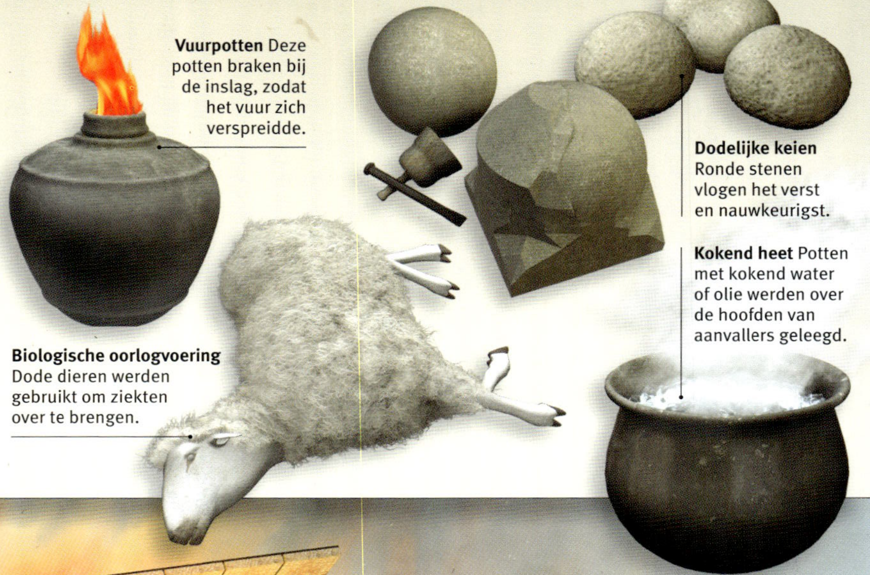

Vuurpotten Deze potten braken bij de inslag, zodat het vuur zich verspreidde.

Dodelijke keien Ronde stenen vlogen het verst en nauwkeurigst.

Kokend heet Potten met kokend water of olie werden over de hoofden van aanvallers geleegd.

Biologische oorlogvoering Dode dieren werden gebruikt om ziekten over te brengen.

Een zwak punt

Het poortgebouw was de ingang voor ruiters en wagens. Dus probeerden ook de aanvallers daar binnen te komen. Maar de bouwers en verdedigers van het kasteel hadden wel een paar trucs om ze buiten te houden.

Dodelijke douche *Door speciale gaten kieperden de verdedigers kokend water of hete olie over de aanvallers.*

Een diepe val *Een aanval met ladders was een gevaarlijke, maar heel directe manier om een kasteel in te nemen. Verdedigers gebruikten lange palen om ze weg te duwen.*

Valhek *Dit zware hek van hout en ijzer was de laatste verdediging.*
Tunnelgevechten *Ook de verdedigers groeven soms tunnels naar de gravende aanvallers. Dan werden er onder de grond zware gevechten geleverd.*
Ondermijnen *Als een kasteel niet op een rots was gebouwd, groeven de aanvallers soms tunnels onder de muren. Daardoor kon een verrassingsaanval worden uitgevoerd, of de tijdelijke houten steunen werden in brand gestoken zodat de muren erboven instortten.*

Het kasteel in vredestijd

Veel kastelen zijn nooit belegerd, maar ook in vredestijd gebeurde er van alles. Er woonden koningen en edelen, die feestmalen hielden, met wapens oefenden en vrouwen het hof maakten. Een kasteel was een machtscentrum en speelde een grote rol in bestuur, politiek en samenzweringen. Van hieruit werden de landerijen beheerd en werd de pacht geïnd. Er waren werkplaatsen voor timmermannen en smeden. En binnen de sterke muren werden belangrijke documenten en goud bewaard.

De binnenkant

Van buiten was een kasteel een burcht, maar van binnen was het een comfortabel en indrukwekkend huis voor de leider van het land, en een werkplaats voor allerlei mensen.

Kapel *Elke dag werden er diensten gehouden waar iedereen naartoe kon. De adellijke familie had vaak ook een eigen kapel.*

De wacht houden *Ook in vredestijd werd de ingang van het kasteel streng bewaakt, vooral om dieven buiten de deur te houden.*

Ook nodig *In de dikke muren werden latrines gebouwd, die uitkwamen op een beerput of onder aan de buitenmuur.*

Uit logeren *Als de heer thuis was, moesten sommige bewoners van het kasteel ergens anders gaan slapen, in huisjes of herbergen in de dorpen buiten het kasteel.*

Werkplaatsen *Aan de eerste binnenplaats waren meestal werkplaatsen waar meubels, vaten, gereedschap en allerlei andere dingen werden gemaakt die de bewoners nodig hadden.*

Keuken
Als de heer en zijn familie thuis waren, leefden er in een kasteel misschien wel 200 tot 300 mensen, die allemaal moesten eten. Daarom waren er grote keukens.

Torenkamers *De soldaten sliepen vaak in torenkamers, waar ze ook hun uitrusting bewaarden. In vredestijd waren er vaak maar een stuk of tien soldaten in een kasteel. De anderen werden weggestuurd, om geld te sparen.*

Vorstelijk verblijf *De heer en zijn familie woonden in privékamers met bewaakte deuren en trappen.*

Put *Een betrouwbare bron met drinkwater was onmisbaar. Daarvoor werden diepe putten gegraven, tot wel 90 m in de rotsen.*

Harde rechtspraak *Straffen waren heel direct: voor ernstige misdaden de dood, voor kleine vergrijpen de schandpaal, waar de dader bekogeld werd met mest of rotte groenten.*

HOOFSE LIEFDE

Het huwelijk was voor adellijke families een belangrijke manier om bondgenootschappen te sluiten en hun macht te behouden. Het hof maken ging erg formeel, met koppelaars en chaperonnes. Dichters, schilders en zangers idealiseerden de romantische liefde, maar in werkelijkheid werden huwelijken meestal om politieke en financiële redenen gesloten. Een vrouw die trouwde, verloor veel van haar rechten. Maar arme mensen hadden weinig te verliezen en daardoor meer vrijheid in hun keuze.

De bewoners van een kasteel

Maar een klein groepje mensen woonde het hele jaar in het kasteel, zoals de poortwachter en een paar soldaten. De slotvoogd die het toezicht hield, woonde soms ergens anders, maar had wel kamers in het kasteel. De rentmeester had een kantoor in het kasteel, maar was voor zijn werk vaak op de landerijen. Als de heer thuis was, waren er ook een heleboel bedienden, die meereisden met de familie. Wel 200 tot 300 mensen moesten onderdak vinden in het kasteel of de omringende dorpen.

Het huishouden

Hier staan een aantal functionarissen, bedienden en soldaten afgebeeld die tot het huishouden van de heer en zijn familie behoorden.

De adellijke familie *De familie en de kinderen waren het middelpunt van het adellijke leven. Jongens erfden de landerijen en meisjes versterkten later bondgenootschappen door hun huwelijk.*

De beerputleger *Deze man had een van de ergste banen in het kasteel. Hij leegde de beerputten en latrines.*

Rentmeester *De rentmeester bestuurde de landerijen en zorgde ervoor dat alles soepel verliep in het huishouden.*

Kok *De kok – meestal een man – had de leiding over soms wel 20 mensen in de keuken.*

Kamenier *De bediende van de kasteelvrouwe, die haar schone kleren bracht, haar kapsel en hele uiterlijk verzorgde, en haar gezelschap hield.*

Priester Alle kastelen hadden een priester of kapelaan, die elke dag in de kapel van het kasteel de mis opdroeg voor het hele huishouden.
Slotvoogd De slotvoogd zorgde voor de verdediging van het kasteel. Hij had meestal een kamer in het poortgebouw om te kunnen zien wie er in- en uitging.
Gevangene Kastelen hadden soms kerkers om gewone misdadigers op te sluiten, maar veel gevangenen waren belangrijke mensen, soms zelfs koningen, voor wie een losgeld gevraagd werd en die meestal goed behandeld werden.
Soldaat Meestal waren er 10 tot 20 getrainde soldaten, waarvan sommigen het hele jaar in het kasteel bleven en anderen met de heer meereisden.
Boogschutter De meeste kastelen hadden ook een paar goede boogschutters in dienst. In oorlogstijd werden er veel meer opgeroepen van boerderijen in de omgeving.
Kapper De kapper knipte niet alleen haren, maar was ook dokter, met een beetje kennis van volksgeneeskunde en primitieve chirurgie.
Hondenman De hondenman verzorgde de jachthonden.
Wapensmid De wapensmid was een goed opgeleide smid die wapens en wapenrustingen maakte. Voor ruwer ijzerwerk waren er ook gewone smeden.
Stalknecht Er waren minstens 10 stalknechten om de paarden te verzorgen.

Werken op de landerijen

De meeste kastelen staan nu in een stad, omringd door huizen, of zijn een verlaten ruïne op een heuvel of in het bos. Maar in de Middeleeuwen waren ze het middelpunt van een groot landgoed met boerderijen en dorpen. In de Middeleeuwen werkten de meeste mensen op het land, en hun leven werd sterk beïnvloed door de seizoenen. Boeren waren pachters van de kasteelheer. Ze hakten hout, ploegden akkers en deden nog ander werk voor hun heer, zoals vechten als soldaat, of schuren en stallen bouwen. De rijkdom van de heer kwam bijna helemaal van de pacht die de boeren betaalden, en de verkoop van landbouwproducten van de boeren.

Zomerwerk
In 1420 liet een Franse hertog 12 schilderingen maken, één voor elke maand, om de wisseling van de seizoenen te laten zien. 'Juli' toont het scheren van schapen en hooien buiten een groot kasteel.

De wisseling van seizoenen

In Noord-Europa werd in de landbouw het drieslagstelsel toegepast. Elk jaar werden twee velden ingezaaid en geoogst, terwijl het derde braak bleef liggen om te herstellen, zodat het klaar was voor het volgende jaar.

Winter *De winter is het seizoen om sloten te graven, hout te hakken, mest over de velden te verspreiden, gereedschap te maken en te herstellen, en hekken te bouwen. Zaden liggen sluimerend in de grond, in afwachting van het voorjaar.*

Voorjaar *Het voorjaar is het seizoen om te ploegen en te zaaien voor een oogst in de herfst, en om voor de pasgeboren lammetjes te zorgen.*

HOGE BELASTING

Een boer moest een kwart van zijn oogst aan de heer geven, een tiende aan de kerk, en ook ongeveer een kwart bewaren als zaad voor het volgende jaar. Zo bleef er weinig over voor brood.

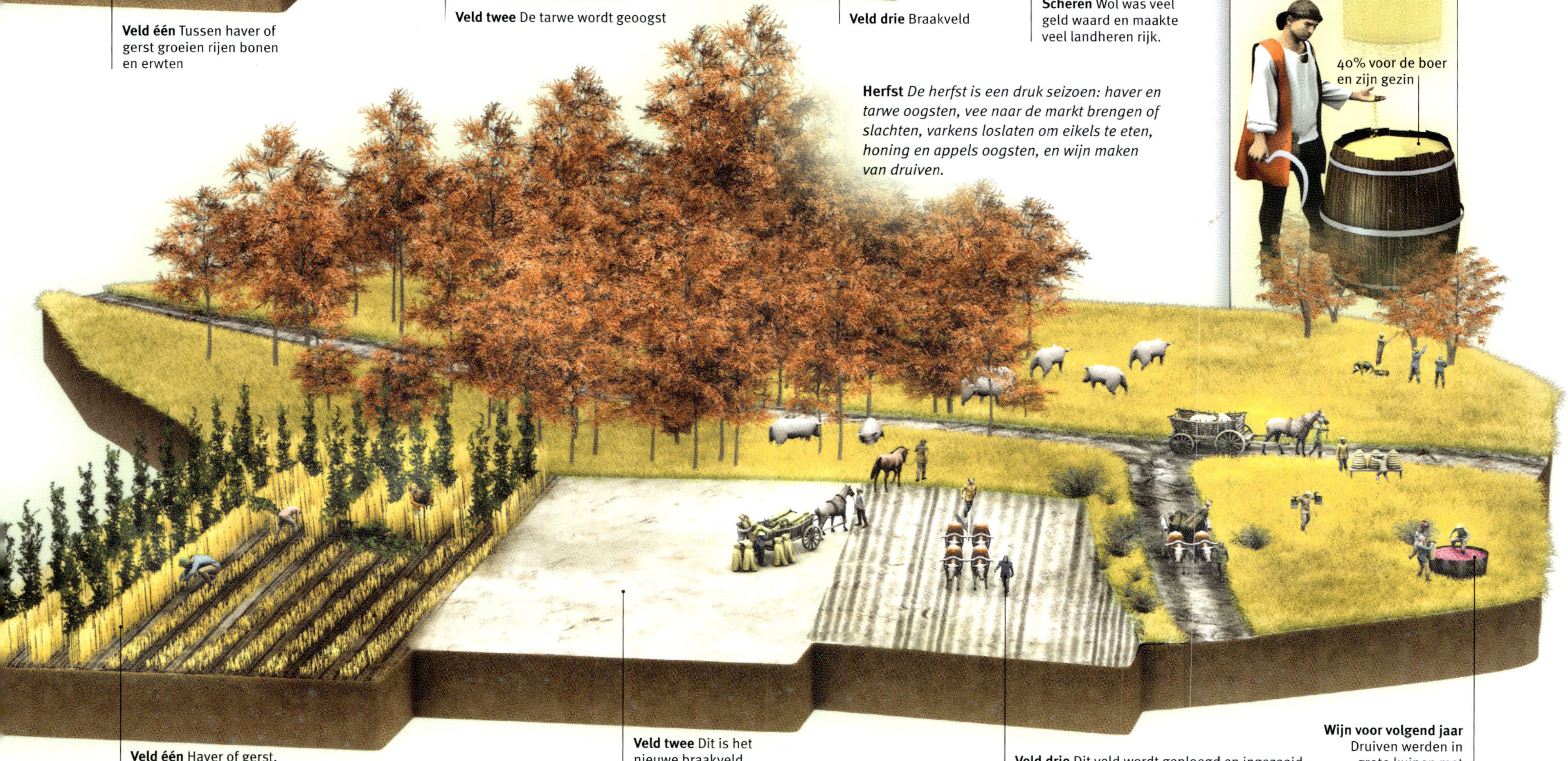

Vrije tijd

Hoewel er altijd werk te doen was in en rond het kasteel, was er ook vrije tijd. De zondag was een rustdag, en er waren veel feestdagen. Adellijke vrouwen borduurden of luisterden naar muziek, terwijl de mannen jaagden of schaakten. Bij veel kastelen was een tuin met kruiden en bloemen. Ook werd er soms een ruig soort voetbal gespeeld met tientallen of zelfs honderden spelers en bijna geen regels.

Grote vraag naar boeken
In de vroege Middeleeuwen leerden alleen priesters en schrijvers lezen. Maar in de 15de eeuw veranderde dit snel. Dit is een foto van een met de hand geschreven Frans getijdenboek (gebedenboek) uit die tijd. De grote vraag naar boeken leidde tot de uitvinding van de boekdrukkunst.

Schaken in een mooie tuin
Bordspelen zoals dammen en schaken waren erg populair. De namen van de stukken zijn afkomstig uit de Middeleeuwen.

Felle jagers *Valken en andere roofvogels doden hun prooi in de lucht met hun scherpe klauwen. Voor de jacht afgerichte roofvogels mochten de kop en de nek van hun prooi opeten. De rest kwam bij de kasteelbewoners op tafel.*

'Een sport voor koningen'
De adel joeg met honden op herten en zwijnen, en met afgerichte roofvogels op duiven en andere vogels. De valkenjacht werd 'een sport voor koningen' genoemd, omdat het een dure liefhebberij was.

Exclusieve vogels
In sommige landen mochten alleen koningen, prinsen en hertogen met valken jagen. Ridders en gewone mensen mochten wel haviken en torenvalken gebruiken.

Prooidieren *Met valken en haviken werd gejaagd op duiven, eenden, fazanten en reigers. Ook konijnen en hazen konden met een snelle duik gegrepen worden*

HANENGEVECHTEN

De lagere klassen keken graag naar gevechten tussen dieren, zoals hanen, honden, of honden en beren. Daarop werd ook veel gewed.

Vechthanen *Hanen werden speciaal gefokt op kracht en uithoudingsvermogen.*

Sporen *Vaak werden er scherpe sporen aan de poten van de hanen bevestigd, zodat het gevecht dodelijk afliep.*

Sterke handschoen
Een dikke leren handschoen beschermde de hand van de valkenier tegen de scherpe klauwen van de roofvogel.

Feestmaal met
Muziek

Een kasteelheer die zijn huishouden, gasten en reizigers te eten gaf, verdiende daarmee respect. Hoe groter de maaltijd, hoe eervoller. Soms waren er honderden gasten, die een heleboel gangen voorgezet kregen, vooral vlees, brood en zoetigheid. Er werden maaltijden gegeven voor speciale gasten of op vaste dagen voor pachters en andere dorpelingen. Als de heer thuis was, konden de kasteelbewoners, bezoekers en reizigers rekenen op een maaltijd in de grote zaal. Zo vergrootte de heer de trouw van zijn volgelingen, en zijn eigen macht.

Een duidelijke rangorde

Aan tafel heerste een duidelijke rangorde. De heer en adellijke gasten zaten aan de hoge tafel aan het eind van de zaal, ver van de keuken. De anderen zaten op banken aan schragentafels, met de armsten het verst van de hoge tafel.

Nar *Behalve muzikanten was er vaak ook een nar, die danste, raadsels opgaf, zong en grappen vertelde, die meestal vrij grof waren.*

Borden *Alleen de edelen kregen een echt bord. De meeste mensen aten van een stuk oud brood.*

Muzikanten *De dansende nar wordt begeleid door trompettisten in de zuilengang, en een harpist en een luitspeler in de zaal.*

Bijzonder eten *Dit speciale gerecht – een dolfijn – wordt aan de heer getoond, voordat het wordt uitgedeeld aan de gasten. Zo'n bijzonder gerecht verhoogde het aanzien van de heer.*

MUZIEK MAKEN

Bij veel gelegenheden werd muziek gemaakt. Een feestmaal in de zaal werd opgevrolijkt met ritmische dansmuziek en marsen, gespeeld op koperen trompetten, houten blaasinstrumenten en snaarinstrumenten. Bij een meer besloten bijeenkomst werden liefdesliederen gespeeld op een luit of fluiten.

Het einde nadert

De komst van kruit en kanonnen stelde nieuwe eisen aan het ontwerp van kastelen, maar betekende nog niet meteen het einde. De eerste kanonnen deden het nog niet zo goed en waren ook nuttig voor de verdedigers. Zelfs in de 17de eeuw bleken veel kastelen nog moeilijk in te nemen met geschut. Maar het bouwen van kastelen die bestand waren tegen kanonnen, was erg duur. Ten slotte konden zelfs de rijkste edelen het niet meer betalen. Bovendien werd het veiliger in Europa, zodat het niet meer nodig was om achter dikke muren te leven. Veel kastelen veranderden in ruïnes, en de stenen werden voor andere gebouwen gebruikt.

Een explosief mengsel
Kruit is een mengsel van salpeter (een chemische stof die uit mest en oude urine kan worden gehaald), houtskool (gedeeltelijk verbrand hout) en zwavel (een stof die in mijnen wordt gewonnen). Kruit is meer dan duizend jaar geleden in China uitgevonden. In de 13de eeuw leerden ook de Europeanen hoe ze het konden maken. De kennis werd door kooplieden doorgegeven via de Zijderoute.

De boel afbreken
De eerste kanonnen werkten het best van heel dichtbij. Maar dan waren de kanonniers een gemakkelijk doelwit voor de verdedigers. Ze werden goed betaald om dat risico te lopen en probeerden zich op allerlei manieren te beschermen.

GEVAARLIJKE KANONNEN

De eerste kanonnen werden gemaakt van ijzeren buizen met ringen erom. Bij verbranding geeft kruit zijn energie vrij langzaam af. Toch barstte de loop vaak als een kanon werd afgeschoten. De Schotse koning James II werd in 1460 gedood door een kanon dat ontplofte bij het beleg van een Engels kasteel.

Kanonskogels Stenen kanonskogels waren beter dan ijzeren, omdat daarbij minder kans was dat de loop barstte.

Vuur! Het kruit werd aangestoken door het zundgat.

Dit is een kanon uit 1500. Zulke kanonnen werden aan land, maar ook op schepen gebruikt.

Deal Castle
Dit is eigenlijk geen kasteel, maar een militair fort. Koning Henry VIII liet het bouwen om de zuidkust van Engeland te verdedigen. Het ontwerp is een reactie op de nieuwe dreiging van kanonnen. De lage, ronde platforms voor kanonnen zijn moeilijk te raken en vijandelijke kogels schampen ervan af.

Een luxeleven
Kastelen waren nooit erg comfortabel. Toen ze niet meer nodig waren voor de veiligheid, lieten rijke edelen buiten de kasteelmuren nieuwe luxewoningen bouwen die nog wel een beetje op kastelen leken.

1500
1400
1300
1200
1100
1000

Waar staat het?
Op het kaartje kun je telkens zien waar het besproken kasteel staat. Het is de grote rode stip.

MONT SAINT-MICHEL: DE FEITEN

BOUWPERIODE: De abdij is gesticht in 708 en de belangrijkste vestingmuren stammen uit 1420.
PLAATS: Normandië, Frankrijk
BOUWERS: Benedictijnenorde
MATERIAAL: Graniet
GROOTTE: 4 ha

De feiten op een rijtje
Hier kun je de belangrijkste feiten vinden over het besproken kasteel.

Tijdschaal
De witte driehoekjes op deze tijdschaal geven aan wanneer het kasteel is gebouwd. De tijdschaal loopt van het jaar 1000 tot 1500.

inzoomen

Ridder worden

Om ridder te worden ging een jongen op zijn zevende uit huis en werd page in het kasteel van een heer. Dat was meestal een vriend van zijn vader of een oom. Rond zijn veertiende werd hij schildknaap van een ridder. Dan moest hij nog vijf tot zeven jaar trainen voor hij klaar was om zelf ridder te worden. Omdat paarden, wapens en bedienden heel duur waren, was dit alleen mogelijk voor jongens uit rijke families.

1 **School** *De jonge page kreeg eenvoudig onderwijs van de priester van het kasteel. Hij leerde iets over geschiedenis, aardrijkskunde en godsdienst, en leerde een beetje lezen en schrijven – in elk geval genoeg om zijn naam te schrijven en de verslagen van zijn rentmeester te lezen als hij ridder werd.*

2 **Tafelmanieren** *De page leerde goede manieren en bediende zijn heer aan tafel. Als hij zich niet goed gedroeg, kreeg hij soms slaag.*

3 **Heer en dienaar** *Als de page schildknaap werd, leerde hij alles over wapenrustingen en hielp hij zijn heer bij het aankleden. Maar hij moest zijn heer ook volgen in de strijd.*

4 **Leren vechten** *Omdat wapens en wapenrustingen zo zwaar waren, moest er hard getraind worden. Schildknapen oefenden met houten zwaarden en schilden.*

De grote dag
Op deze Franse afbeelding uit de 15de eeuw worden twee schildknapen door hun koning tot ridder geslagen. Hovelingen kijken toe bij deze belangrijke gebeurtenis.

Steekspel *Een schildknaap moest vooral goed te paard leren vechten. Hiervoor oefende hij vaak op een staak. Dit was een toestel met een houten schild dat hij met zijn speer moest raken zonder een klap te krijgen van de zandzak die aan het andere eind van de draaiende balk hing.*

De opleiding tot ridder begon als een jongen nog heel jong was, omdat er later een ridderlijk karakter van hem werd verwacht: dapper en eervol in de strijd, trouw aan God en zijn heer, mild tegenover zwakke mensen, en hoffelijk tegen vrouwen. Dat hoorde bij het ideaalbeeld van ridderlijkheid.

6

Ridderslag *Als een schildknaap genoeg geleerd had, werd hij tot ridder geslagen. Nadat hij een nacht gevast en gebeden had, knielde de schildknaap voor zijn heer, die hem met een zwaard op zijn schouders tikte en hem daarmee tot ridder verklaarde. Het kwam ook weleens voor dat een schildknaap op het slagveld de ridderslag kreeg nadat hij iets heel dappers had gedaan.*

De wapenuitrusting van een ridder

In de strijd droeg een ridder meestal een wapenrusting van plaatstaal, die wel 25 kilo woog. De eerste middeleeuwse ridders vochten in maliënkolders, die gemaakt waren van een heleboel ijzeren ringetjes. Die waren wel soepel, maar boden weinig bescherming tegen pijlen. Vanaf de 13de eeuw werden er steeds meer stalen platen toegevoegd, die met gespen en riemen aan elkaar vast zaten. Aan het eind van de 15de eeuw werd een plaatharnas gedragen over het hele lichaam. De beste waren versierd met goud en zilver, en kostten meer dan een soldaat in tien jaar verdiende. Een ridder vocht meestal met een lans, een zwaard of bijl, en soms een lange piek met een scherpe punt en een haak om in de wapenrusting van de vijand te slaan.

Klaar voor de strijd

Deze ridder draagt een volledig plaatharnas, en daaronder ook nog een wapenrok van maliën, gewatteerde stof en leer. De platen van het harnas werden vastgemaakt aan de wapenrok, zodat ze niet in het lichaam sneden.

MALIËN

Het was veel werk om een maliënkolder te maken. Er waren wel 30.000 ringetjes voor nodig.

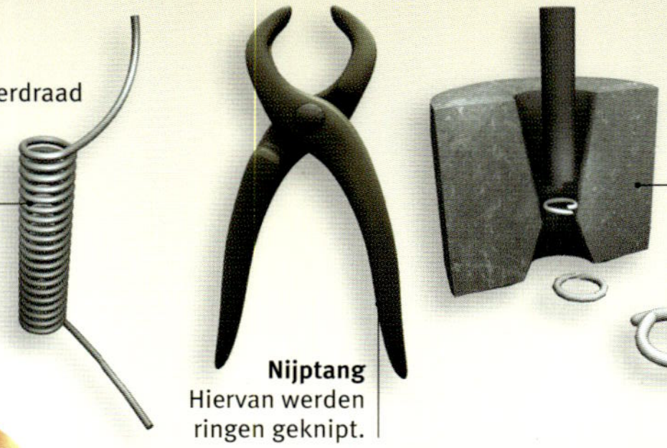

Spiraal Een dikke ijzerdraad werd rond een stok gedraaid.

Nijptang Hiervan werden ringen geknipt.

In de mal De ringen werden door een toelopende mal geduwd, zodat de einden elkaar overlapten.

Nette rondjes De einden werden platgeslagen, doorboord en verbonden met een kleine klinknagel.

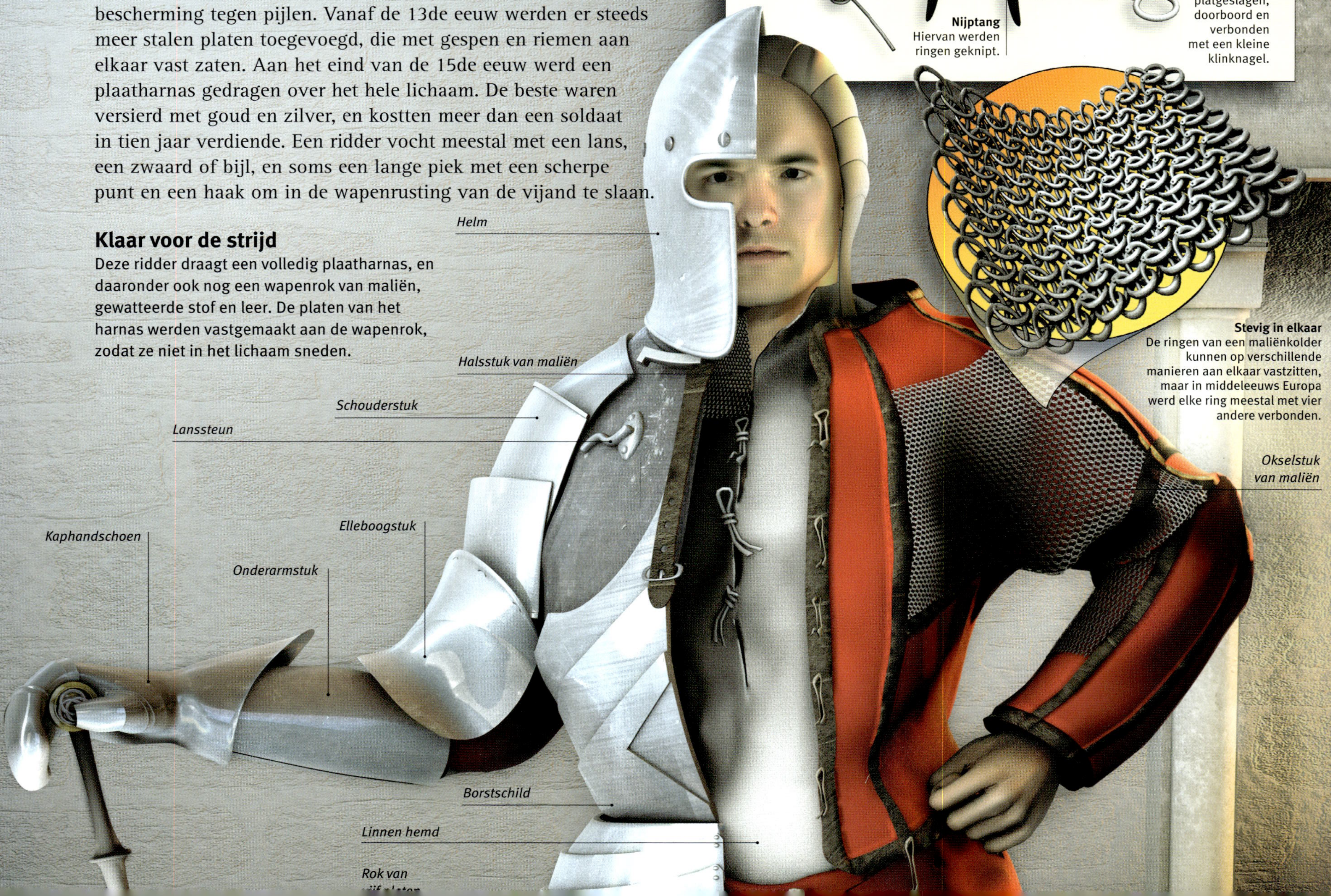

Stevig in elkaar De ringen van een maliënkolder kunnen op verschillende manieren aan elkaar vastzitten, maar in middeleeuws Europa werd elke ring meestal met vier andere verbonden.

Okselstuk van maliën

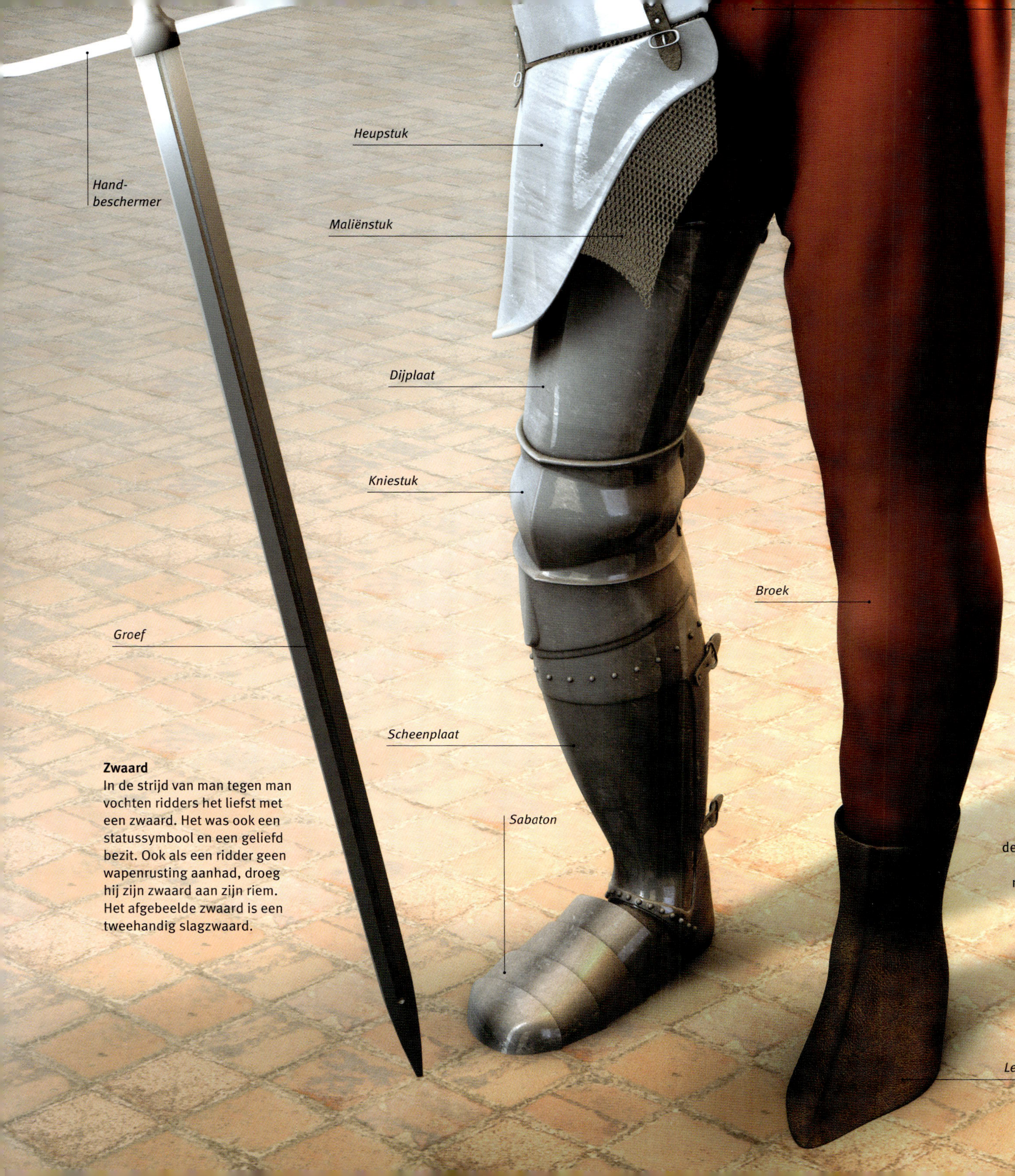

Zwaard
In de strijd van man tegen man vochten ridders het liefst met een zwaard. Het was ook een statussymbool en een geliefd bezit. Ook als een ridder geen wapenrusting aanhad, droeg hij zijn zwaard aan zijn riem. Het afgebeelde zwaard is een tweehandig slagzwaard.

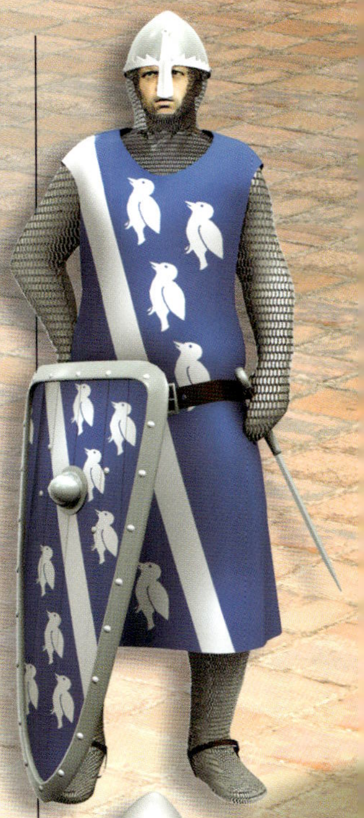

Wapenrusting in de 12de eeuw
In de 12de eeuw droegen ridders een lange maliënkolder tot op de knieën, en vooral bij warm weer een overkleed van stof.

Wapenrusting in de 14de eeuw
In de 14de eeuw droegen ridders op veel delen van hun lichaam stalen platen. Kwetsbare delen die dan nog vrij bleven, zoals de nek en de achterkant van de benen, werden beschermd met maliënstukken.

Ridder te paard

Ridders te paard waren verreweg de machtigste en meest gevreesde krijgers van de Middeleeuwen. Het strijdros van een ridder moest sterk, dapper en snel zijn. In een veldslag was een ridder het gevaarlijkst bij een aanval te paard, maar met zijn zware wapenrusting was hij erg kwetsbaar als hij van zijn paard werd gestoten of als een vijand naar de onderkant van het paard kon steken. Om dit te voorkomen leerden de paarden om te blijven draaien en trappelen als ze omringd werden door soldaten te voet. Naast zijn wapenrusting en zijn zwaard was zijn strijdros het kostbaarste bezit van een ridder. Een goed strijdros kostte wel 20 keer zoveel als een gewoon paard, en veel ridders hadden er meer dan één.

Ten strijde trekken

Een ridder die ten strijde trok, had minstens één strijdros bij zich, en een pakpaard met zijn wapenuitrusting en andere bezittingen. Hijzelf reed op een rijpaard, en zijn page voerde zijn strijdros mee.

HOEFIJZERS, STIJGBEUGELS EN SPOREN

Voor de paarden van een ridder was ook nog een hele uitrusting nodig. Leerbewerkers maakten zadels, riemen en teugels, en in elk dorp of kasteel was een smid die ijzeren hulpstukken maakte.

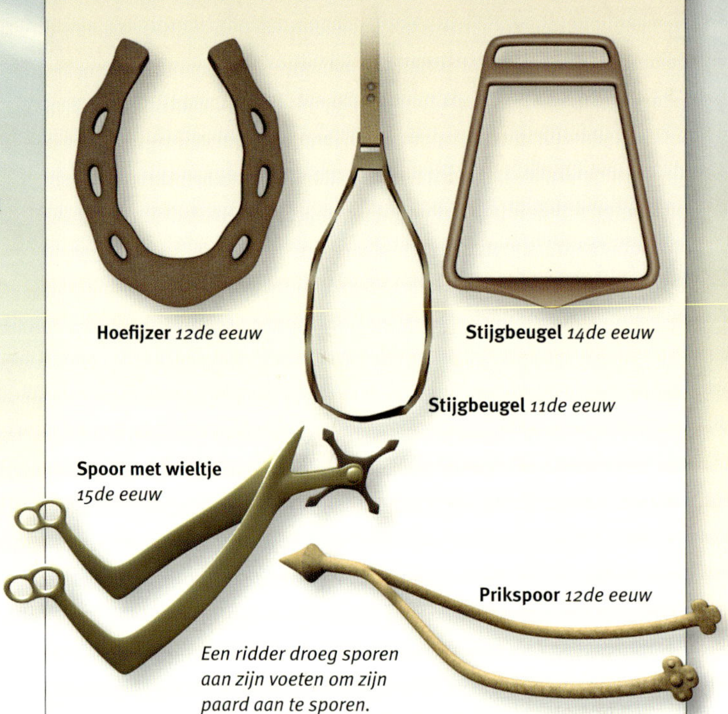

Een ridder droeg sporen aan zijn voeten om zijn paard aan te sporen.

Klaar voor de strijd

Deze ridder rijdt door vijandig terrein en is klaar voor de strijd. Maar zijn page draagt nog zijn schild en wapens. Vanaf de 15de eeuw kregen ook paarden een stalen wapenrusting.

Neusstuk *Het belangrijkste deel van de wapenrusting van een paard was het neusstuk, dat zijn gezicht beschermde.*

Nekplaten *Overlappende nekplaten beschermden de nek van het paard.*

Veilige zitplaats *Hoge steunen of zadelbogen boden de ridder extra veiligheid in de strijd.*

Singel *Het zadel zat vast met een singel rond de buik van het paard.*

Strijdzadel

Voor de strijd moest het zadel heel stevig vastzitten, zodat het niet verschoof onder het gewicht van een ridder in volle wapenrusting.

Staartstuk *Dit beschermde de achterkant van het paard.*

Flankbeschermers *Hierdoor werden de flanken van het paard, onder het zadel, beschermd.*

Borststuk *Deze plaat beschermde de borst van het paard.*

Toernooien:

oefening voor de strijd

Als voorbereiding op oorlogen oefenden ridders voortdurend in vechten te voet en te paard. Vanaf de 12de eeuw werden toernooien enorm populair. Het steekspel was het spannendst. Daarbij reden twee ridders met lansen op elkaar af en probeerden ze elkaar uit het zadel te stoten. Het was gevaarlijk, maar voor een arme ridder uit een onbelangrijke familie was het een manier om rijk en beroemd te worden.

HERALDIEK

Omdat ridders in hun harnas moeilijk te herkennen waren, lieten ze gekleurde afbeeldingen aanbrengen op hun schild. Dit wordt heraldiek genoemd en deze middeleeuwse erfenis zien we ook nu nog dagelijks om ons heen.

Wapenschilden

Er bestaan honderden verschillende soorten wapenschilden. Hier staan een paar voorbeelden.

Schildhoofd, Paal, Band, Keper

Kruis, Golvende dwarsbalken, Klimmende leeuw, Stappende zwaan

Als een man en een vrouw uit twee belangrijke families trouwden, combineerden ze hun wapens door het schild in kwartieren te verdelen.

Harde botsing

Bij dit steekspel voor een tribune met toeschouwers rijden de twee ridders aan weerskanten van een tussenschot op elkaar af. De rode ridder scoort punten omdat hij zijn lans breekt op het schild van zijn tegenstander en hem uit het zadel stoot.

Gevecht met strijdbijlen

Op deze Franse afbeelding uit de 15de eeuw vechten twee ridders met botte strijdbijlen voor een adellijk publiek. De twee mannen links en rechts zorgen ervoor dat de ridders zich aan de regels houden.

1500

1400

1300

1200

1100

ROND 1100: BOUW WITTE TOREN

1000

De Tower of London, Engeland

Vorstelijk kasteel

In 1066 veroverden de Normandiërs Engeland. De Normandische koning Willem de Veroveraar koos Londen als zijn hoofdstad. Om de stad onder de duim te houden liet hij een grote toren bouwen in de hoek van de oude Romeinse muren. Deze werd later de Witte Toren genoemd, naar de kleur van de steen. Eromheen verrees in drie eeuwen een groot kasteel, beschermd door muren en een gracht. Deze Tower of London was aanvankelijk een veilig onderkomen voor de koninklijke familie. Later werd het een gevreesde gevangenis voor vijanden van de staat, en een opslagplaats voor wapens en kostbaarheden.

Een kapitaal kasteel

Zo zag de Tower of London er rond 1600 uit. In deze tijd waren er in het kasteel koninklijke vertrekken, een kerk met een begraafplaats, de koninklijke munt, een opslagplaats voor kruit, en het koninklijke arsenaal – allerlei opslagkamers en werkplaatsen waar kanonnen werden gemaakt.

Je hoofd verliezen

Normaal gesproken werden alleen edelen die veroordeeld waren voor verraad, terechtgesteld door onthoofding. Dat gebeurde meestal op Tower Hill, net buiten de kasteelmuren. Leden van de koninklijke familie werden binnen het kasteel terechtgesteld.

DE TOWER NU

De Tower of London is nog steeds een koninklijke burcht, met een garnizoen en een arsenaal. Elk jaar bezoeken vele duizenden mensen deze historische plek.

Kostbaarheden In een speciale kluis in de Tower worden ook nu nog de kroonjuwelen en andere kostbaarheden zoals vorstelijke wapenrustingen bewaard.

Beefeaters Een garnizoen van speciale bewakers die ook wel Beefeaters worden genoemd, bewaakt de Tower en wijst bezoekers de weg. Ze zijn allemaal gepensioneerde soldaten.

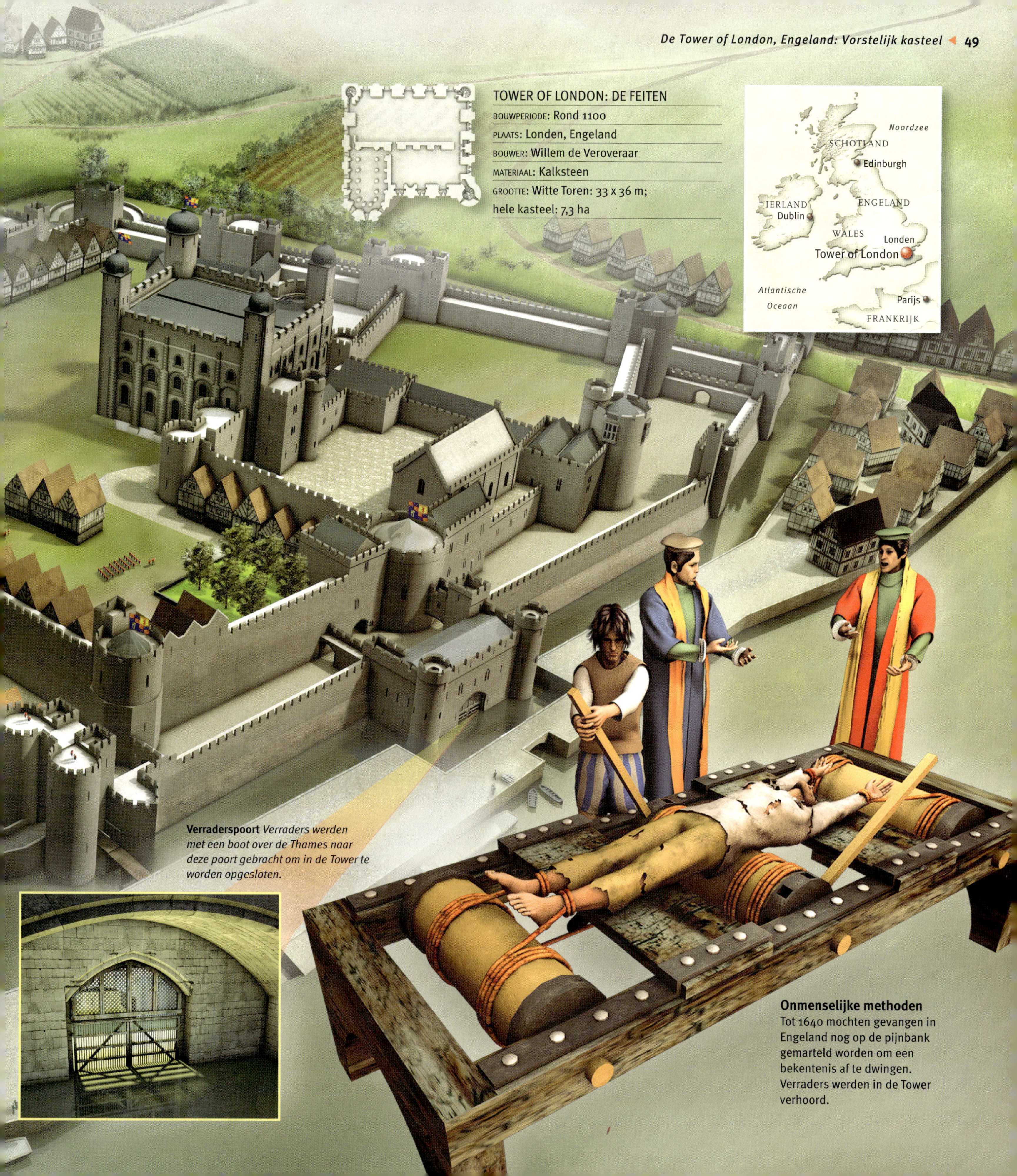

TOWER OF LONDON: DE FEITEN

BOUWPERIODE: Rond 1100
PLAATS: Londen, Engeland
BOUWER: Willem de Veroveraar
MATERIAAL: Kalksteen
GROOTTE: Witte Toren: 33 x 36 m; hele kasteel: 7,3 ha

Verraderspoort *Verraders werden met een boot over de Thames naar deze poort gebracht om in de Tower te worden opgesloten.*

Onmenselijke methoden
Tot 1640 mochten gevangen in Engeland nog op de pijnbank gemarteld worden om een bekentenis af te dwingen. Verraders werden in de Tower verhoord.

1500
1400
1300
1250
UITBREIDING DOOR KRUISRIDDERS
1150
1100
1031: BOUW VAN DE EERSTE BURCHT
1000

Krak des Chevaliers, Syrië

Ridderburcht

Het kruisvaarderskasteel Krak des Chevaliers ('burcht van de ridders') wordt wel als het beste kasteel van de wereld beschouwd. Het staat boven een belangrijke bergpas, die vroeger aan de grens van het koninkrijk van de kruisridders lag. Oorspronkelijk was het een kleine Arabische burcht, maar na 1142 herbouwden de Hospitaalridders het tot een machtig kasteel. Zelfs de beroemde legeraanvoerder Saladin, die Jeruzalem op de kruisvaarders heroverde, besloot het niet aan te vallen, omdat het zo sterk was. Maar in 1271 kregen de ridders per postduif een brief van hun leider in Tripoli, dat ze zich moesten overgeven. Deze brief was een vervalsing, en zo ging het geweldige kasteel door een list verloren.

KRAK DES CHEVALIERS: DE FEITEN

BOUWPERIODE: 1031 eerste burcht; 1150–1250 verbouwing door kruisridders
PLAATS: Bij Homs in Syrië
BOUWERS: Emir van Aleppo (eerste burcht); hospitaalridders (grote kasteel)
MATERIAAL: Basalt en kalksteen
GROOTTE: 200 x 140 m; 3 ha

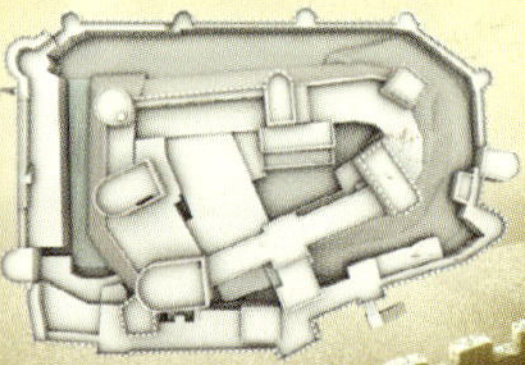

Aquaduct *Een stenen aquaduct leidde water uit een nabijgelegen bron naar grote spaarbekkens tussen de binnen- en buitenmuren.*

Hospitaalridders
De hospitaalridders waren een religieuze ridderorde die pelgrims in het Heilige Land hielp en verdedigde.

Uit de lucht gezien

Het binnenste van het kasteel werd gebruikt voor ceremoniën en officiële zaken, en bevatte een mooie stenen kapel. Onder dit deel en achter de buitenmuren waren kamers voor ridders en bezoekers, voorraadkamers en stallen.

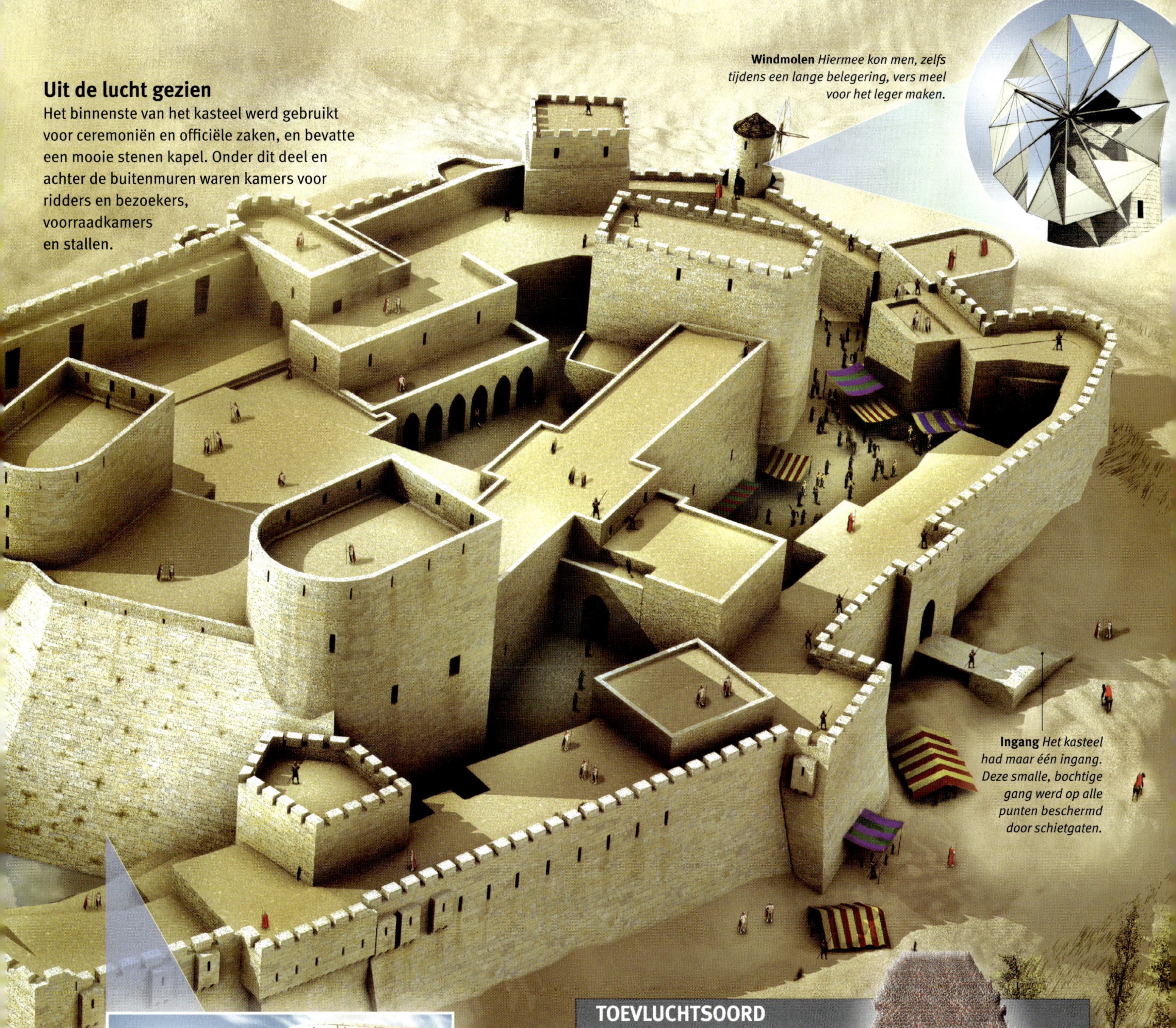

Windmolen *Hiermee kon men, zelfs tijdens een lange belegering, vers meel voor het leger maken.*

Ingang *Het kasteel had maar één ingang. Deze smalle, bochtige gang werd op alle punten beschermd door schietgaten.*

Onverwoestbaar *De muur van de binnenplaats kon door vijanden vanaf hoger gelegen gebied beschoten worden, en was daarom 30 m hoog en 25 m dik.*

TOEVLUCHTSOORD

Krak des Chevaliers had normaal een garnizoen van enige tientallen ridders, maar het kon 2000 soldaten en vluchtelingen ruim een jaar onderdak bieden. Hiervoor waren er grote voorraadkamers, diepe spaarbekkens en stallen voor meer dan 500 paarden.

1500

1400

1300

ROND 1240: BOUW CASTEL DEL MONTE

1200

1100

1000

Castel del Monte, Italië

Stenen raadsel

Op een heuvel in een afgelegen deel van Zuid-Italië staat een van de geheimzinnigste kastelen van de wereld. Het is rond 1240 gebouwd door keizer Frederik II, die een van de machtigste en geleerdste mensen van zijn tijd was. Hij sprak zeven talen en had zich verdiept in de wijsheid van de westerse, Arabische en klassieke wereld. In Castel del Monte komt zijn kennis en levensvisie tot uiting. Het is ontworpen in overeenstemming met allerlei geometrische en wiskundige principes, en ook met de beweging van de zon. Veel van deze symboliek werd als geheime kennis beschouwd en de bouwplannen zijn niet bewaard gebleven. Maar het kasteel is er nog en daagt ons uit om de geheimen ervan te ontsluieren.

CASTEL DEL MONTE: DE FEITEN

BOUWPERIODE: Rond 1240
PLAATS: Apulië, Italië
BOUWER: Keizer Frederik II
MATERIAAL: Kalksteen en marmer
GROOTTE: 55 m in diameter

Volmaakte harmonie

Het hele bouwplan van het kasteel is gebaseerd op de achthoek, die het midden vormt tussen het vierkant (de aarde) en de cirkel (de hemelbol). In Romeinse voeten zijn alle elementen van het grondvlak en de hoogte veelvouden van 12. Dat werd lange tijd als een geluksgetal beschouwd.

GEOMETRISCHE PATRONEN

In de tijd van Frederik II werden de bouwkunde, wiskunde en muziek sterk beïnvloed door de herontdekking van de Arabische en Griekse filosofie. Men dacht dat getallen en geometrische figuren een afspiegeling waren van de werkelijke en de hemelse wereld. Een gebouw was beter – heiliger, machtiger en mooier – als het ontwerp gebaseerd was op bepaalde getallen en vormen.

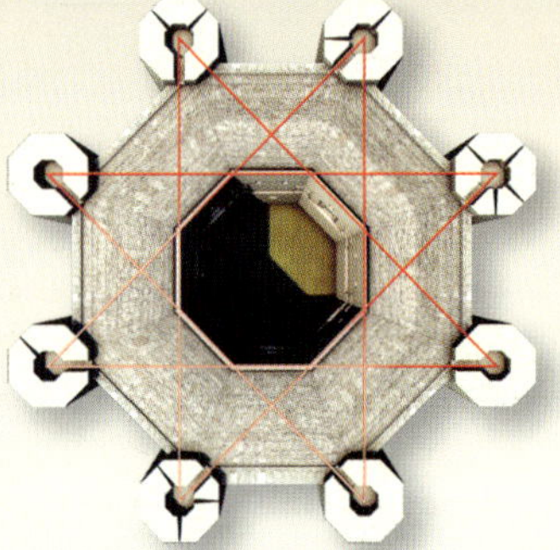
Octagram

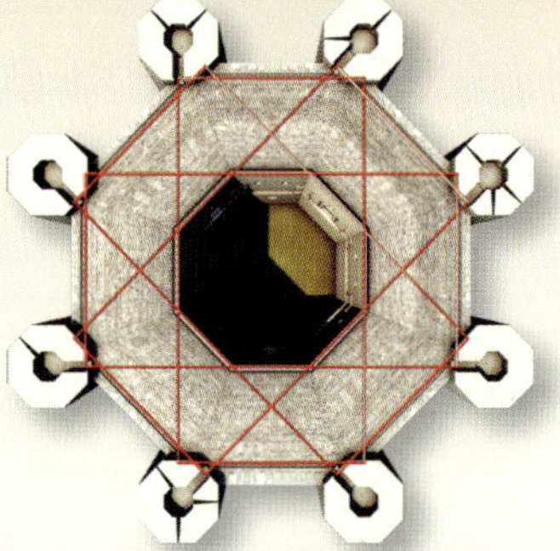
Vier gouden rechthoeken

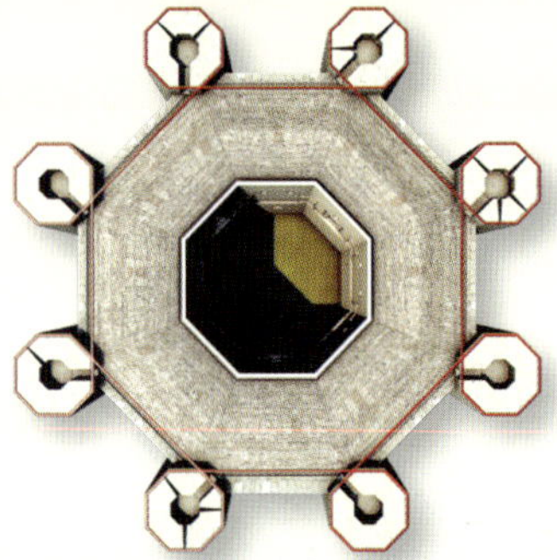
Negen achthoeken

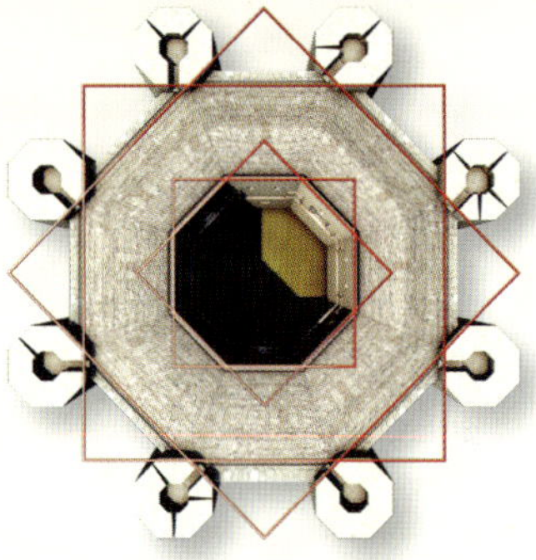
Acht snijdende vierkanten

Pentagram
De deur is ontworpen rond de verhoudingen en hoeken van een pentagram. Deze vijfpuntige ster was in het Oude Egypte al een belangrijk symbool.

Praktisch nut
Frederik II gebruikte Castel del Monte als jachtverblijf. Later is het ook een gevangenis geweest.

Frederik II
Behalve keizer van het Heilige Roomse Rijk was Frederik II ook koning van Sicilië, Zuid-Italië en delen van het Duitse rijk.

1500

1400

1300

1271: BOUW VOLTOOID

1200

1100

1000

Caerphilly, Wales

Veilig in het water

Wales wordt vaak ‘het land van de kastelen’ genoemd. Tijdens een eeuwenlange machtsstrijd zijn er honderden, vaak erg indrukwekkende kastelen gebouwd. In 1266 veroverde Gilbert de Clare, een van de machtigste Engelse edelen, gebied van Llewelyn the Last, de laatste vorst van een onafhankelijk Wales. Gilbert begon bij Caerphilly een groot nieuw kasteel te bouwen om het nieuwe gebied te beheersen. Een aanval van Llewelyn werd afgeslagen en kort daarna was het kasteel klaar. Als burcht verloor Caerphilly vrij snel zijn betekenis, maar het bleef een bestuurlijk centrum en werd aangevallen tijdens de burgeroorlogen in de 14de en 17de eeuw.

Buitenvesting *Deze ommuurde buitenvesting was misschien bedoeld als toevluchtsoord voor de dorpsbewoners tijdens een belegering.*

Waterburcht

Gilbert de Clare had in 1265–1266 de zes maanden durende belegering van Kenilworth Castle in Engeland meegemaakt en had gezien hoe goed het water de verdedigers daar had geholpen. Daarom koos hij voor zijn eigen kasteel een plek bij een rivier, waarin hij een grote versterkte dam liet aanleggen om het kasteel met water te verdedigen.

DE VEROVERING VAN WALES

Kort nadat de Normandiërs Engeland hadden veroverd, probeerden ze ook Wales in hun macht te krijgen. Daarvoor bouwden ze veel kastelen (paars op het kaartje hieronder). Caerphilly (rood) is het grootste van deze kastelen. Later vochten de Welshmen uit het noorden terug. Koning Edward I van Engeland reageerde hierop met twee invallen, waarbij hij nieuwe kastelen bouwde en oude verbouwde om het veroverde gebied te beheersen (de gele kastelen op het kaartje). Rond 1300 was heel Wales veroverd en bezet door de Normandische Engelsen.

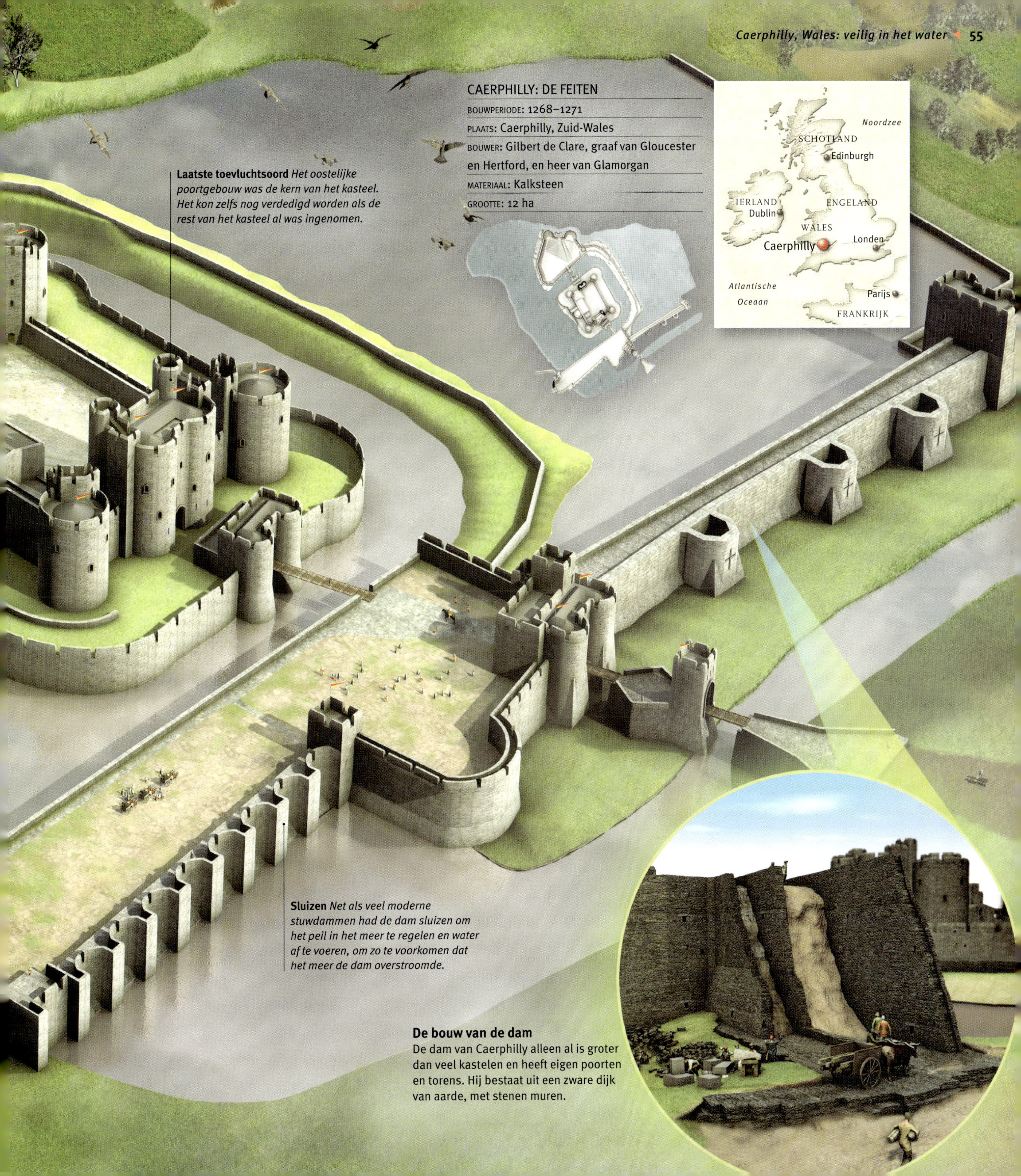

CAERPHILLY: DE FEITEN

BOUWPERIODE: 1268–1271
PLAATS: Caerphilly, Zuid-Wales
BOUWER: Gilbert de Clare, graaf van Gloucester en Hertford, en heer van Glamorgan
MATERIAAL: Kalksteen
GROOTTE: 12 ha

Laatste toevluchtsoord *Het oostelijke poortgebouw was de kern van het kasteel. Het kon zelfs nog verdedigd worden als de rest van het kasteel al was ingenomen.*

Sluizen *Net als veel moderne stuwdammen had de dam sluizen om het peil in het meer te regelen en water af te voeren, om zo te voorkomen dat het meer de dam overstroomde.*

De bouw van de dam
De dam van Caerphilly alleen al is groter dan veel kastelen en heeft eigen poorten en torens. Hij bestaat uit een zware dijk van aarde, met stenen muren.

1500
1420: BOUW VESTINGMUREN
1300
1200
1100
1000
708: BOUW ABDIJ

Mont Saint-Michel, Frankrijk

Kasteel in zee

Mont Saint-Michel is een rotseiland voor de kust van Normandië in Noord-Frankrijk. Sinds 708 staat er een abdij op het eiland. Zelfs zonder muren was het door de zee al een veilige plek, maar vanwege de strategische ligging versterkten de monniken en de Franse koningen het eiland als een kasteel. In de loop van de Middeleeuwen groeide de abdij. De nieuwe gebouwen werden op de oude gebouwd, die bewaard bleven als kelderverdiepingen. Lager op de rots groeiden de huizen en werkplaatsen van de bedienden uit tot een dorp, dat beschermd werd door sterke muren en de zee, die twee keer per dag het eiland omringt.

MONT SAINT-MICHEL: DE FEITEN

BOUWPERIODE: De abdij is gesticht in 708 en de belangrijkste vestingmuren stammen uit 1420.

PLAATS: Normandië, Frankrijk

BOUWERS: Benedictijnenorde

MATERIAAL: Graniet

GROOTTE: 4 ha

Belegerd

Tijdens de Honderdjarige Oorlog tussen Frankrijk en Engeland (die eigenlijk 116 jaar duurde, van 1337 tot 1453) werd Mont Saint-Michel jarenlang belegerd door de Engelsen. Maar het getij maakte een echte aanval onmogelijk en de Engelse kanonnen stonden te ver weg om veel schade aan te richten.

Blokkade

De schepen waren in deze tijd nog klein en onstabiel. Toch slaagde een kleine Engelse vloot erin het eiland van de buitenwereld af te sluiten, tot ze door Franse schepen werden verjaagd.

Gevaarlijk geschut *Kanonnen bestonden in deze tijd uit buizen met ringen erom. Als er te veel kruit werd gebruikt, konden ze ontploffen.*

Weinig steun *Het Engelse leger was klein. Het bestond uit een paar honderd mannen, die veel moeite hadden om het eiland te belegeren en zichzelf te beschermen tegen Franse aanvallen vanaf het vasteland.*

Verrast door de vloed
Er kwamen veel pelgrims naar Mont Saint-Michel, maar het oversteken van de getijdenvlakte was niet ongevaarlijk. Op deze Franse tekening uit de 15de eeuw wordt een moeder met kind door de Maagd Maria gered als ze dreigt te verdrinken.

Tombelaine
De Engelsen bouwden een klein houten kasteel op het eiland Tombelaine, dat een eindje verderop ligt. Er bleven ongeveer 90 soldaten voor de belegering van Mont Saint-Michel.

Kerk op de heuvel *De abdijkerk stond op een kunstmatige verhoging, met daaronder eetzalen, slaapkamers, keukens en voorraadkamers.*

Weinig ruimte *Het dorp, dat grotendeels nog bestaat, werd gebouwd op plateaus die in de rotsen waren uitgehakt.*

Brand *In 1433 lukte het de Engelsen om een paar huizen in brand te schieten. Daarna vielen ze het eiland aan, maar de aanval werd afgeslagen en er kwam een eind aan de belegering.*

Onneembaar
De verdedigingsmuren waren niet hoog, maar samen met de zee bleken ze voldoende bescherming te bieden.

1500
ROND 1459: VERBOUWING
1400
1300
1220: BOUW DONJON
1200
1100
1000

DRACULA: MYTHE EN WERKELIJKHEID

Vlad III was tussen 1448 en 1476 drie keer vorst van Walachije in Roemenië. Zijn vijanden waren de Turken, die het land probeerden te overheersen, en zijn eigen opstandige edelen. Hij beleefde een wreed genoegen aan terechtstellingen en werd bekend als Vlad Tepas Dracula (Vlad de Spietser, Zoon van de Draak). De schrijver Bram Stoker gebruikte de naam Dracula voor een roman, maar zijn graaf Dracula heeft weinig te maken met Vlad III.

Geen medelijden
Op deze Duitse tekening uit 1500 zit Vlad III te eten tussen zijn gespietste slachtoffers.

Gezicht van een monster
Dit is een van de vroegste portretten van Vlad III. Het is een paar jaar na zijn dood geschilderd.

Dwangarbeid

Toen Vlad III in 1456 aan de macht kwam, liet hij bijna alle edelen van zijn vorstendom spietsen omdat hij ze de schuld gaf van de moord op zijn vader en broer. Een paar sterke edelen liet hij in leven om kasteel Poenari te helpen verbouwen. Ze moesten werken tot de kleren van hun rug vielen.

Poenari, Roemenië

Dracula's kasteel

Kasteel Poenari, hoog in de bergen van Roemenië, werd gebouwd rond 1220, maar raakte in verval. Toen Vlad III in 1456 heerser van Walachije werd, besloot hij het kasteel te verbouwen tot zijn huis en toevluchtsoord. Het kasteel was een eenvoudige, smalle, ommuurde binnenplaats met torens en een grote zaal, boven op een woeste bergtop, omringd door afgronden. Hoewel het nu een ruïne is, zijn de kamers en de zaal van Vlad III nog te zien. Volgens de legende wierp zijn eerste vrouw zich van de rotsen om niet door de Turken gegrepen te worden, terwijl Vlad zelf ontsnapte door een geheime tunnel.

POENARI: DE FEITEN

BOUWPERIODE: 1220 (de donjon), verbouwd rond 1459

PLAATS: Făgăraș-gebergte, Roemenië

BOUWER: Vlad III

MATERIAAL: Natuursteen en bakstenen

GROOTTE: 65 x 12 m

Beroemde kastelen

Dover

Engeland

1 **Dover, Kent**

Dover Castle werd vlak voor de Normandische verovering gesticht en sindsdien vele malen verbouwd. Tot halverwege de 20ste eeuw bleef het in militair gebruik.

2 **Richmond, North Yorkshire**

Een ommuurde binnenplaats met zaal van rond 1080, met een grote donjon uit 1170.

Stirling

Schotland

3 **Stirling Castle, Stirling**

Het middeleeuwse kasteel is rond 1500 verbouwd en nu prachtig gerestaureerd.

4 **Bothwell, Lanarkshire**

Een groot kasteel met een donjon, gesticht aan het begin van de 13de eeuw en bescheidener herbouwd na de Schotse onafhankelijkheidsoorlogen.

Caernarfon

Wales

5 **Caernarfon, Gwynned**

Het grootste en duurste kasteel van Edward I, dat op de muren van Constantinopel moest lijken. Het was het bestuurlijke centrum van het nieuwe Engelse koninkrijk Wales.

6 **Manorbier, Pembrokeshire**

Een prachtig kasteel met een toren uit de 12de eeuw, een zaal en nieuwere gebouwen op een binnenplaats met uitzicht op een haventje.

Blarney

Ierland

7 **Blarney, Cork**

Een grote toren uit de 15de eeuw, op een binnenplaats. Wie de Blarney Stone kust, zit nooit meer om woorden verlegen.

8 **Carrickfergus, Antrim**

Een goed bewaard Normandisch kasteel, rond 1200 gebouwd bij de Engelse verovering van Ierland.

Gaillard

Frankrijk

9 **Gaillard, Normandië**

Een sterk kasteel boven de Seine, door Richard Leeuwenhart in 1196–1198 gebouwd om de toegang tot Rouen en Normandië te beschermen.

10 **Loches, Indre-et-Loire**

Een hoge donjon uit 1020–1030, omringd door een kasteel van rond 1200. Het is gebouwd in een versterkte stad met een vorstelijk huis voor de Franse koningen.

Gravensteen

België

11 **Gravensteen, Gent**

Een groot kasteel uit 1180, waar de graven van Vlaanderen woonden.

12 **Beersel, Brussel**

Gebouwd in 1300–1310 om Brussel te beschermen, en in 1489 herbouwd in baksteen, met vroege geschutsgaten in de zware torens.

Wartburg

Duitsland

13 **Wartburg, Thüringen**

Een kasteel uit de 1dee eeuw, uitgebreid tot in de 17de eeuw, onder andere met een romaans paleis.

14 **Marksburg, Rheinland-Pfalz**

Dit in 1117 gestichte kasteel is bijna volmaakt bewaard gebleven in zijn middeleeuwse staat.

Hochosterwitz

Oostenrijk

15 **Hochosterwitz, Karinthië**

Een sterk middeleeuws kasteel, voor het eerst genoemd in 860, dat voortdurend is versterkt, tot het in de 16de eeuw een paleis werd.

16 **Falkenstein, Neder-Oostenrijk**

Deze burcht werd in 1050 gebouwd op een hoge piek en in de 17de eeuw afgebroken.

Alcázar de Segovia

Spanje

17 **Alcázar de Segovia, Castilla y León**

Een kasteel op een heuvel, gebouwd door de Moren en uitgebreid in de 15de en 19de eeuw. Er woonden verscheidene middeleeuwse Spaanse koningen.

18 **Aljafería, Aragon**

Vanaf de bouw in de 9de eeuw diende dit reusachtige kasteel duizend jaar als paleis, burcht en militaire school.

Castelvecchio

Italië

19 **Castelvecchio, Veneto**

Een burcht met twee binnenplaatsen, rond 1350 gebouwd om de stad Verona te beschermen. Gebruikt tot 1925.

20 **Volterra, Toscane**

Een groot kasteel gebouwd op de plaats van een pre-Romeinse Etruskische stad.

Akrokorinthe

Griekenland

21 **Akrokorinthe, Peloponessos**

Deze oude akropolis uit 700 v.Chr. is tot de 16de eeuw vele malen herbouwd en versterkt.

22 **Mistras, Peloponessos**

Een kasteel uit 1249 met uitzicht over de verlaten stad Mistras met vervallen paleizen en twintig kerken.

Nyborg

Denemarken

23 **Nyborg, Fyn**

Een bakstenen kasteel uit de 14de eeuw, in de 16de eeuw verbouwd tot koninklijk paleis.

24 **Kronborg, Hovedstaden**

Een groot laat-middeleeuws paleis met een fort voor kanonnen uit de 16de en 17de eeuw. Hier speelt *Hamlet* van Shakespeare zich af.

Bohus

Noorwegen

25 **Bohus, Bohuslän**

Deze burcht staat nu in Zweden, maar is in 1308 door de Noren aan hun grens gebouwd. Tot in de 17de eeuw speelde hij een militaire rol.

26 **Christiansø, Kristiansand**

Deze burcht uit 1635 was in 1940 nog in gebruik als artilleriefort met uitzicht over zee.

Kalmar

Zweden

27 **Kalmar, Småland**

Dit kasteel uit de 12de eeuw is herbouwd in 1280, en in de 16de eeuw verbouwd tot koninklijk paleis.

28 **Malmöhus, Scania**

Dit kasteel in de stad Malmö is gebouwd in 1434 en gesloopt aan het begin van de 16de eeuw. Rond 1530 is er een nieuw kasteel gebouwd door koning Christiaan III van Denemarken.

Karlštejn

Tsjechië

29 Karlštejn, Midden-Bohemen

Karlštejn is in 1348 gebouwd door keizer Karel IV, met een grote toren en een paleis.

Orava

Slowakije

31 Orava, Žilina

Dit kasteel uit de 13de eeuw is een van best bewaarde kastelen van Slowakije.

Wawel

Polen

33 Wawel, Kraków

Dit versterkte paleis is in de 16de eeuw gebouwd op een heuvel waar al eeuwenlang de regering gevestigd was.

Roumeli Hissar

Turkije

35 Roumeli Hissar, Istanbul

Dit kasteel is gebouwd aan de Bosporus om de stad Constantinopel te beschermen en de bevolking onder de duim te houden.

Bran

Roemenië

30 Bran, Braşov

Kasteel Bran is in 1212 gebouwd door de ridders van de Duitse orde. Het wordt voor toeristen het kasteel van Dracula genoemd, en er zijn Draculafilms opgenomen.

Boeda

Hongarije

32 Boeda, Pest

Het oorspronkelijke versterkte middeleeuwse kasteel Boeda is in 1686 bij een belegering verwoest. Daarna is het herbouwd in barokstijl.

Pskov

Rusland

34 Pskov, Pskov Oblast

Deze burcht beschermde de hoofdstad van de middeleeuwse republiek Pskov. Hij is meer dan 40 keer belegerd, maar slechts twee keer met succes.

Citadel van Saladin

Syrië

36 Citadel van Saladin, Latakia

Een groot kasteel van de hospitaalridders, dat vroeger Sahyoun heette. Het staat op een strategische plek waar al meer dan 2000 jaar versterkingen gebouwd zijn.

Woordenlijst

balie Ommuurde voorburcht van een vroeg kasteel; later de buitenste verdedigingsring om een vesting.

belegering Een kasteel aanvallen door het te omsingelen en te voorkomen dat de verdedigers nieuwe voorraden of versterkingen krijgen.

belegeringstoestellen Zware, meestal houten toestellen waarmee muren gesloopt en verdedigers ontmoedigd kunnen worden: bijvoorbeeld blijden, katapulten en belegeringstorens.

belegeringstoren Een zware houten toren op wielen, met ladders en gevechtsplateaus binnenin, meestal beschermd met houten schotten of natte huiden. Het was de bedoeling dat ze hoger waren dan de muren van een kasteel, zodat de aanvallers het kasteel konden bestormen door ze tegen de muren te duwen.

blijde Het grootste belegeringstoestel waarmee projectielen werden geworpen. Een blijde bestond uit een scharnierende balk met een tegengewicht aan één kant en een slinger met een zware steen of een ander projectiel aan de andere kant. Als een touw werd losgemaakt, slingerde het gewicht de arm met kracht omhoog, zodat het projectiel naar het doel werd geworpen.

concentrisch kasteel Een kasteel met twee ringen van verdedigingsmuren. Verdedigers op de hogere binnenmuur konden over delen van de lagere buitenmuren op de vijanden schieten.

donjon De grootste toren van een kasteel, waar vaak de vertrekken van de heer waren.

edelen De hoogste klasse van landeigenaren onder de koning in een middeleeuwse samenleving. De meeste edelen kwamen uit enige tientallen belangrijke families, die vaak verwant waren aan de koning. Veel edelen waren ook ridders.

feodalisme Een maatschappelijk stelsel waarbij de koning land geeft aan zijn edelen, en zij weer aan hun volgelingen, in ruil voor trouw en diensten.

garnizoen Een groep soldaten die vast in dienst is om een bepaald kasteel te verdedigen. De meeste kastelen hadden maar een klein garnizoen, maar werden bij een belegering door veel meer mannen verdedigd, die in oorlogstijd erbij werden gehaald.

getijdenboek Katholiek gebedenboek, vaak mooi versierd.

grote zaal De ontvangstzaal in een kasteel, die gebruikt werd voor officiële gelegenheden, samenkomsten en feestmaaltijden.

handboog In de Middeleeuwen werden er handbogen gebruikt van ongeveer 1,8 m, waarmee ver en met veel kracht kon worden geschoten. Het grootste bereik van deze bogen was 360 m, en van dichtbij konden ze zelfs een plaatharnas doorboren.

heer Een machtige ridder of edelman die land bezat waarvan zijn familie en bedienden leefden – maar ook de boeren die het voor hem bewerkten.

Heilige Land Het land in het Nabije Oosten dat heilig is voor de christenen, joden en moslims.

heraldiek Het stelsel van tekens en afbeeldingen op de schilden en kleren van ridders, waardoor ze herkenbaar waren bij veldslagen en toernooien. Het woord is afgeleid van 'heraut', een man die bij bijeenkomsten de namen van ridders aankondigde en de wapenschilden heel goed moest kennen.

horige Een boer die bij het feodale stelsel op het land moest werken. Hij mocht het niet verlaten en moest zijn heer gehoorzamen.

kanteel Verhoogd deel van de muur tussen twee geschutsopeningen, waarachter boogschutters dekking konden zoeken.

katapult Een toestel om projectielen mee af te schieten. Vanaf de Romeinse tijd zijn er allerlei soorten gebruikt, die werkten met een tegengewicht, een grote boogpees of de spanning van een gedraaid touw van hennep of leer. In de 15de eeuw werden ze vervangen door kanonnen. Zie *blijde* en *mangneel*.

koninkrijk Een land dat een koning of koningin als staatshoofd heeft. Veel landen zijn ook nu nog een koninkrijk, maar hun vorst heeft meestal alleen symbolische macht.

kruisboog Een wapen waarbij de boog horizontaal op een handvat geplaatst is dat lijkt op de kolf van een geweer. Hierdoor kan de pees met een speciaal mechanisme veel strakker gespannen worden dan bij een gewone boog, zodat de pijl met veel kracht wordt afgeschoten.

kruistochten De kruistochten waren een reeks van negen oorlogen tussen 1096 en 1291, die meestal goedgekeurd waren door de paus en als doel hadden Jeruzalem en het Heilige Land te heroveren op de moslims. Omdat ze als heilige oorlogen beschouwd werden, droegen de kruisvaarders een kruis op hun kleren en schilden.

lans Een zware houten speer, die wel 4,3 m lang kon zijn en door ridders bij veldslagen en toernooien werd gebruikt.

machicoulis Ook 'mezenkooi' genoemd. Een uitbouw aan de bovenkant van een kasteelmuur, met gaten waardoor de verdedigers pijlen konden schieten of dingen naar aanvallers onder hen konden gooien.

maliën Een vlechtwerk van ijzeren ringetjes dat gebruikt werd om het lichaam te beschermen. Het was goed bestand tegen zwaarden en bijlen, maar bood weinig bescherming tegen pijlen.

maliënkolder Lange jas van maliën, die gebruikt werd als wapenrusting.

mangneel Een katapult die werkte met de spanning van een gedraaid touw. Met een mangneel konden relatief kleine projectielen worden afgevuurd, over een korte afstand.

moordgaten Een reeks gaten in het dak van een gewelfde ruimte zoals een poortgebouw, waardoor verdedigers pijlen konden schieten of dingen naar aanvallers onder hen konden gooien.

Moren Moslims uit Noord-Afrika die in de vroege Middeleeuwen grote delen van Spanje en Portugal veroverden.

motte Steile heuvel waarop de torens van de eerste kastelen stonden.

Normandiërs Noormannen die zich aan het begin van de 10de eeuw in Noord-Frankrijk hadden gevestigd en daar samen met de plaatselijke Franse edelen een sterke militaire samenleving hadden gevormd die in heel Europa werd gevreesd. Ze veroverden Engeland, Sicilië en delen van Italië en Ierland.

ondermijnen Een belegeringstactiek waarbij tunnels werden gegraven onder de fundering van een muur of toren. Als de tunnel klaar was, werden de houten steunen met stro en olie in brand gestoken, en als alles ging zoals het bedoeld was, barstte de muur en zakte deze in.

ophaalbrug Een brug over een slotgracht, die kon worden opgehaald om vijanden buiten te houden.

overkleed Een losse lange jas die over de wapenrusting werd gedragen als bescherming tegen stof en regen. Op het overkleed was het wapen van de ridder geschilderd of geborduurd.

page Een jongen, meestal de zoon van een ridder, die werd opgeleid door te dienen in het huishouden van een edelman. Als ze begonnen, waren ze meestal acht of negen, en als het goed ging, konden ze na een jaar of zes schildknaap worden.

plaatharnas Een wapenrusting van ijzeren platen die rond het lichaam pasten, met scharnieren bij de gewrichten en maliën aan de achterkant van de knieën en ellebogen. Zo'n harnas bood een betere bescherming dan een maliënkolder, maar was wel erg duur.

poortgebouw Een toren of torens bij de ingang van een kasteel om in de gaten te houden wie er binnen kwam.

ridder Een geoefende soldaat die te paard vocht. Geleidelijk werd het ook een eretitel, toen ridders in het feodale stelsel machtige landheren werden.

ridderlijkheid De manier waarop een ridder zich moest gedragen: eervol en vaardig in de strijd, bekwaam en ervaren in het zadel, edelmoedig bij een overwinning, en goedgemanierd in de omgang.

ridderslag De ceremonie waarmee een schildknaap ridder werd. Een edelman of koning tikte met de platte kant van een zwaard op de schouders van de schildknaap en verhief hem daarmee tot ridder.

schietgat Een smalle opening in een kasteelmuur, waardoor aanvallers moeilijk naar binnen kunnen schieten, maar de verdedigers wel naar buiten.

schildknaap Een jonge man die eerder page was geweest en nu een ridder vergezelde en voor de paarden, wapenrusting en wapens van de ridder hielp zorgen. Na een leertijd van vijf tot zeven jaar werd hij, als alles goed ging, zelf ridder.

slotgracht Een met water gevulde gracht rond een kasteel, die vooral gebruikt werd om kastelen te beschermen die op vlak terrein stonden. Een slotgracht voorkwam dat de aanvallers gemakkelijk bij de onderkant van de kasteelmuren konden komen.

smid Een ambachtsman die ijzeren voorwerpen maakte – vooral hoefijzers.

toernooi Een sportief gevecht waarbij ridders in groepen of één tegen één lieten zien hoe goed ze konden rijden en vechten. Toernooien waren gevaarlijk, maar de winnaar kon roem en rijkdom verwerven, omdat de wapens en wapenrusting van de verliezer meestal naar de winnaar gingen.

valhek Een zwaar hek van hout met ijzer, dat boven de ingang hangt. Door het snel te laten zakken, werd de ingang afgesloten voor aanvallers. Er waren bijlen voor nodig om het te slopen.

wapenschild Een heraldieke afbeelding op schilden, kleren en vlaggen, waaraan een ridder herkenbaar was. Bij een belangrijk huwelijk werden twee of meer wapenschilden gecombineerd in één afbeelding.

wapensmid Een smid die wapens en wapenrustingen maakte.

Register

Verantwoording

De uitgever dankt Alexandra Cooper voor haar bijdragen, en Puddingburn voor het register.

ILLUSTRATIES
Omslag voor Moonrunner Design en GODD.com;
omslag achter GODD.com
Spellcraft Studio e.K. 38–39, 46–47; **alle andere illustraties** GODD.com (Marcus Junker, Rolf Schröter, Patrick Tilp, Robert Keller, Julian Krause)

KAARTEN
Map Illustrations

FOTO'S
b=boven, l=links, r=rechts, lb=linksboven, blm=boven linksmidden, mb=middenboven, brm=boven rechtsmidden, rb=rechtsboven, ml=midden links, m=midden, mr=midden rechts, o=onder, lo=linksonder, olm=onder linksmidden, mo=middenonder, orm=onder rechtsmidden, ro=rechtsonder

AA=The Art Archive; APL=Australian Picture Library; BA=Bridgeman Art Library; CBT=Corbis; iS=iStock; MEPL=Mary Evans Picture Library; PIC=The Picture Desk; PL=photolibrary.com

8lo APL; **10**ro APL; **11**rb AA; **30**rb BA; **32**rb PIC; **37**rb PL; **40**lo BA; **47**ro APL; **48**mo PL; olm, lo CBT; **53**rb AA; **57**lb MEPL; **58**lb MEPL; rb BA; **60–61** iS

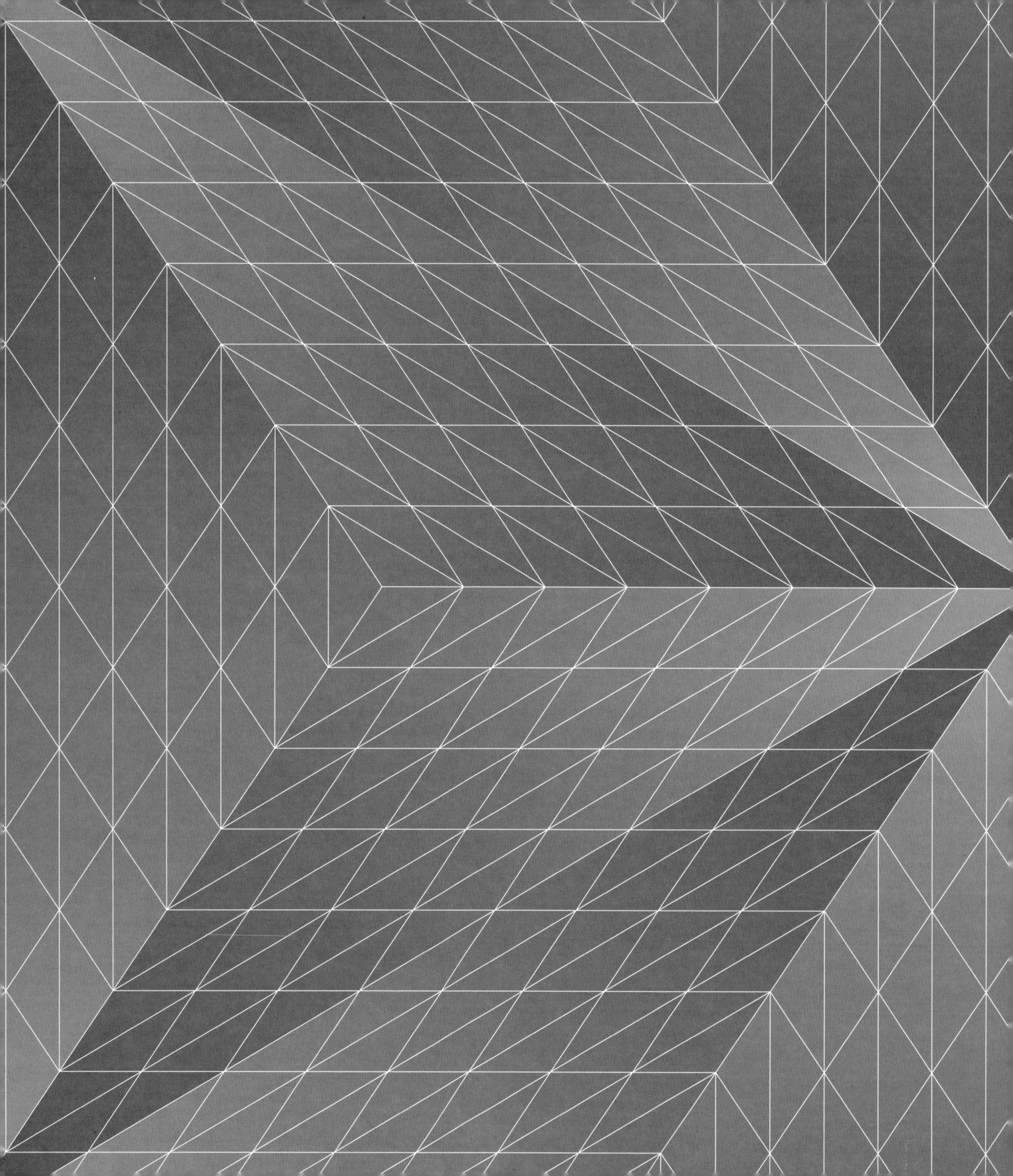